Carl George Brandis

De aspiratione Latina quaestiones selectae

Carl George Brandis

De aspiratione Latina quaestiones selectae

ISBN/EAN: 9783744639460

Hergestellt in Europa, USA, Kanada, Australien, Japan

Cover: Foto ©Lupo / pixelio.de

Weitere Bücher finden Sie auf **www.hansebooks.com**

DE ASPIRATIONE LATINA
QVAESTIONES SELECTAE

DISSERTATIO PHILOLOGICA

QVAM

AD SVMMOS IN PHILOSOPHIA HONORES

AVCTORITATE AMPLISSIMI PHILOSOPHORVM ORDINIS

IN VNIVERSITATE FRIDERICIA GVILELMIA RHENANA

RITE IMPETRANDOS

VNA CVM SENTENTIIS CONTROVERSIS

DIE XVIII M. MARTII A. MDCCCLXXXI HORA XII

PVBLICE DEFENDET

SCRIPTOR

CAROLVS GEORGIVS BRANDIS
HOLSATVS

ADVERSARII ERVNT

AVGVSTVS KALKMANN
LVDOVICVS ENTHOVEN
FRIDERICVS KOEPP

BONNAE
TYPIS CAROLI GEORGI VNIV. TYPOGR.
MDCCCLXXXI

FRANCISCO BVECHELER

HERMANNO VSENER

S.

I. DE P TENVI IN LATINIS VOCABVLIS ASPIRATA.

Constat extremis liberae rei publicae temporibus primis-
que Caesarum saeculis legitime graecam *φ* expressam esse
per lat. *ph*. *Philippum Philargyrum* sim. sexcentiens in titulis et publicis et privatis invenies eamque legitimam et usi-
tatam fuisse orthographiam apud Romanos testantur grammatici.

Sed etiam imperatorum temporibus *φ* per solam *p* scribitur in titulis maxime privatis, v. Hoffmannum indicis ad
Africae titulos latinos p. 47 et Mommsenum Hermae XIV
p. 69. pauca proferam exempla. quae in *-φορος* exeunt vocabula graeca non solum Varronis temporibus (v. Buecheleri
declinat. lat. p. 12) sed etiam imperatorum a Romanis per
-por, abiecta terminatione, redduntur ut in laterculis mi-
litum a. 205 CIL VI 1057: *Sympor* (I 81), *Telespo[r]* (I 125),
Eupor (II 96) et a. 210 ibid. 1058: *Eupor* (II 22). iu quibus
dentalis aspirata sequitur *φ* litteram, ea vocabula saepe per
pth non per *phth* scribuntur ut *Melipthongo* CIL VI 2340,
Apthonus v. Momms. p. 70 adn. 1, *Apthon[etus]* apud Hoffmannum. hanc ut ita dicam antiquam orthographiam invenis in glossariis, quamquam plerumque *φ* aut per *ph* aut per *f* scripta exstat, velut glossar. Amploniani p. 361[189]: 'ponix (phoenix):
genus aquile' ibid. [213]: 'pisema (physema): specular[1]' ibid.

---

[1] Glossa: 'pisema: specular' exstat etiam in Uildebrandi gloss.
p. 242[240]; sic emenda glossas Isidori p. 689[51]: 'piseeima: spcculur'
et Mai cl. auct. VI 539: 'pisema: spelunca'. specular vel specularis

364[393]: 'parmacopula: medicamenti venditor'. huc spectant Probi praecepta[1]: 'amfora non ampora' 'strofa non stropa' 'porphyreticum marmor non purpureticum marmor', append. p. 199[17].[7]; 197[19].

Vides non satis certam fuisse orthographiam in φ reddenda et volgum — nam ad volgarem sermonem recte referuntur plerique tituli Probique praecepta — saepe dubitasse φ utrum per *ph* an per *p* recte scriberetur, cum docti homines grammaticique iam diu constantem in his rebus orthographiam sequerentur.

Praeterea saepe aspirationem ab altera ad alteram litteram transtulerunt Romani. exempla aspirationis ad *p* translatae habes haece:

Agatophus CIL VI 200 VI 18. 56.

Arphocras IRN 460; CIL IV 2193 III 6254.

Ephagato CIL V 8706.

Ephaprodite ClL IV 2443. Aephaproditus ibid. 2319 l.

Ipphonenses Renier 2896.

Pilipphus CIL IV 567.

Phutius Ephem. epigr. IV p. 51.

Phyrrice CIL II 2138 IV 1364; Phyrricum IV 1868, CIRh. 1442.

e libris m. s. his exemplis addo *Riphaeos* montes, v. Ribbeckium proleg. Vergil. p. 425 et Servium[2] ad Ae. IX 82, quia de '*Ριφαῖοι* e *Riphaeis* coniecturam falsissime fecerunt Roscherus Curtii Stud. I 2, 113 alii. eodem plane iure e lat. *Ephagato* graecum Ἐφάγατον coniectura assequaris si pla-

---

sc. lapis est *Marienglas*. physema a Plinio n. h. IX 108 de cassa margarita dicitur.

[1] Grammaticus quin amphoram et stropham per *ph* non per *f* scripserit non dubito. nescio an append. p. 198[1] 'homfagium non monofagium' recte emendetur in 'omofagium non omopagium'.

[2] Ceterum grammaticum GL VII 544[25] scripsisse *Ripaeos* eius etymologia docet: 'Ripaeis: Scythicis, dicti ἀπὸ τῆς ῥιπῆς hoc est a vi ventorum'.

cuerit ineptire. ad omnia hacc transpositae aspirationis exempla confer Consentii GL V 392[27] verba: 'per transmutationem sic fiunt barbarismi . . . aspirationis ut si quis Thraciam perversa aspiratione proferat et dicat Trachiam', qui exempla sua ex usn cottidie loquentium hausit.

Sed aspirationis etiam graecis vocabulis quae π sive principalem sive mediam habent, additae exempla in lingua latina exstant [1].

Bosphorus, Bosforus. aspiratae formae exempla protulit Fleckeisenus annal. philolog. t. 99 p. 656 et t. 101 p. 458 Schmitzius *Beiträge zur lateinischen Sprach- und Literaturkunde* p. 136, quibus adde commentor. Bernens. Luc. ed. Vs. p. 313[1] adn. *Bosforus* cui adscripsit quidam s. X aut XI *quidam diabulus*, de Lucifero ille cogitans qui est φωσφόρος. Bosphorum plebeiam quidem sed non tertio aut qnarto p. Chr. saeculo antiquiorem forinam esse puto, a qua optimi scriptores titulique [2] abstinuerint v. e. gr. exempla e Tacito a Fleckeiseno prolata et CIL III 1344 'ala I Bospor' quocum consentit Notitia Dignit. p. 96 Boeck. 'cohors miliaria Bosporiana Arauraca', *Bosporus* viri nomen est in titulo apud Le Blant 609[49]. exempla Βοσφόρου [3] apud scriptores Graecos eosque Byzantinae aetatis vide in Stephani thesauro.

---

[1] Per se intellegitur *sphongia sphondylos sciniphes* tal. quorum aspiratam formam apud Graecos in usu fuisse constat, ad hanc nostram quaestionem non pertinere.

[2] Tituli CIL III 1197 et IRN 1994 *alam Bos.* exhibentes nihil ad hanc nostram quaestionem faciunt. Gruteri p. 389[7] titulus: 'praef. coh. II Bosforanorum' falsus est v. IRN *433.

[3] Propter id ipsum quod *Bosphorum* prius apud Romanos quam apud ipsos Graecos in usu fuisse apparet, minime adstipulor Roschero Curtii Stud. I 2, 113 ct annal. phil. t. 101 p. 455 aspirationem illam a sermone graeco profectam esse indeque ad Romanos pervenisse contendenti. de *gryphibus* idem tulit iudicium Roscherus. sed *gryphes* vel *gryphi* quoque multo prius apud Romanos in usu fuerunt.

Romani vero nisi fallor *Bosporo* aspiraverunt ad exemplar Phosphori Telesphori al.

Carphim[ae] CIL V 8699.

Enipheus codd. Verg. Rbc ge. IV 368 v. Kelleri Epilegomena Horat. ad c. III 7, 23.

gryphes vel gryphi. prima aspiratae formae exempla invenis in cod. Salmas. s. VII anth. lat. ed. Ries. 327[8], in cod. R. s. IX Plinii n. h. XXXIII 66, in cod. Leidensi s. IX Solini p. 97[11]. contra antiquissimi optimique codices Vergili ecl. VIII 27 Melae II 1 Plinii n. h. X 136 VII 10 XXXIII 66 Solini p. 97[11] *grypas* vel *grypos* scribunt, quibus adde consulem a. 88 *Plotium Grypum* CIL VI 2065 (II 65), iam certam facies coniecturam scriptores optimae aetatis abstinuisse ab aspirata forma eamque in usum venisse iam vergente latinitate. cum e γρυπός genetivo noviciam formam *grypus -i* formarent Romani, eo facilius huic formae addiderunt aspirationem quo maior similitudo intercessit inter *grypum* et *griphum* (γρῖφος). quae si vera sunt, a *gryphis* ad *gryphas* quoque translata est aspiratio. unum et quod non satis constare videatur γρυφός exemplum e Simeonis Sethi historia animalium attulit Dindorfius in Stephani thes.

Melamphus cod. R. Verg. ge. III 550.

Melpho[me]ne CIL II 4431; alia exempla vide in Kelleri Epileg. Hor. ad c. III 30, 16 IV 3, 1.

Olumphus Garuccii syll. 1849 — Olumphia IRN 6410 — Olymphus Garuccii syll. 1365, CIL VI 3684 — Olymphiacae cod. P. Verg. ge. III 49 — Olimphi formam exhibent Commenta Bernens. Luc. VII 478—9 ed. Vs. p. 241[4].

Pharnasii cod. P. Verg. ecl. X 11.

Pharon cod. M. Verg. Ae. III 126 quod nisi fallor librarius cod. M. scripsit cum *Paron* et *Pharon* (Aegypti insulam) permutaret.

Phasintigrin cod. Mon. Plinii ed. Sillig. VI p. 995. librarius Phasintigrin scripsisse videtur, cum priorem voculae partem cum *Phaside,* Colchorum fluvio, componeret.

Phindarus CIL V 8485.

Phisidae in lege Antonia de Thermensibus a. u. c. 683 CIL I 204 II 32 contra ibidem XV^{ies} *Pisidae,* bis *Pcisidae.*

Phylades Garuccii syll. 1862, CIL VI 766, v. Kelleri Epil. Hor. ad. s. II 3, 139.

Phyramo CIL VI 2313.

Stilpho v. Fleckeisenum annal. phil. t. 101 p. 458.

Symphosius anthol. lat. ed. Riese no. 286.

scorofio (scorphio) est vocula plebeia qua usi sunt grammatici v. indicem ed. Lachmannianae.

trophaeum, unde venit in linguas quas dicunt recentiores fr.-gall. *trophée* augels. *trophy* germ. *Trophaee.* in titulis latinis[1] quamquam non nisi *tropaeum* invenitur v. Orellii syll. 5088, 5433 a. p. Chr. 86, CIL VI 1196 a. 405, 3736⁹, — et Varro Bimarci fr. 61 Buech. et Servius quoque ad Ae. X 775 (ex hoc fluxerunt quae habet Isidorus or. XVIII 2 3), cum *tropaeum* a τροπή derivarent, *tropheum* non *trophaeum* dixerunt — tamen de *trophaei* et plebeia et recentiore forma dubitari nequit. iam in noni saeculi libris m. s. *trophaeum* usitata est forma v. cod. Bernens. Verg. ge. III 32 Ae. XI 7. cod. Paris. glossarii Hildebr. p. 286¹³³ ¹⁶⁴, in libris vero IX saeculo recentioribus tantum non constanter scribitur.

Causa cur Romani illis de quibus nunc agitur vocabulis graecis addiderint aspirationem, certe non sita est in vocalibus consonisve aut praecedentibus aut sequentibus; conferas velim: Enipheus gryphes scorofio trophaeum Bosphorus Carphime Melphomene Olymphus Pharnasii Phindarus Phylades. in quibusdam certa aspirandi caussa in propatulo est, vide quae ad *Bosphorum gryphas Pharon Phasintigrin* adnotavi; in aliis latet, nisi mecum consenties e nimio quodam aspirandi studio et magna illa in φ reddenda fluctuatione evasisse ut *Melamphum Phyramum* sic *Olymphum scorofio tro-*

---

[1] De lectione titulorum CIL VI 1207 et 1163²³ non satis constat.

phaeum hoc uno intercedente discrimine quod illa semel quantum scio dicta sunt, haec vero complurieus iterata paullatim aspirationem ut legitimam induerunt.

Haec hactenus de vocabulis graecis. sed cum grammatici latini φ non nisi per *ph* scribendam esse praeciperent, φ etiam per *f* scribi coepta est. haec nova orthographia primum invenitur in titulis Pompeianis, tantum non constans et in publicis et in privatis titulis est demum inde ab a. p. Chr. n. 350; cf. Mommsenum Hermae XIV p. 70. ex hac inter *ph* et *f* fluctuante in φ reddenda orthographia recte ut mihi quidem videtur expediuntur ea exempla, in quibus latina vocabula quibus *f* debetur per *ph* scripta exstant. e titulis collegi exempla haece:

Alphia[1] *Redempta* IRN 798. Alfii nomen italicum esse bene notum est. *Alphius Alphia Alphenus* in codicibus quoque scribuntur, nisi fallor eam ob causam quod scribentium animis Ἀλφειός tal. obversabantur. quae inter *Alfium* et *Albium*, eadem ratio intercedit inter *Alfenum* et *Albinum*.

Lucipher CIL III 342.

Orphitus[2] Scipio Orphitus CIL VI 644 a. 149, Orphitus IRN 5705 a. 172. *Orfiti* scriptura legitima et ab etymologia probatur, v. Buechelerum interpret. tab. Iguv. II p. 15 *Orfitum* cum lat. *orbita*, umbr. *urfeta* comparantem. *Orphiti* scriptura profecta est e comparatione quadam huius voculae cum *Orpheus*.

Palphurius CIL II 934. contra Palfurius Sura V 8112[64], Palfurianus VI 2315, Parfuleius VI 200 (II 75)

---

[1] *Alphii* cognomen, ut Arrius Alphius CIL VI 2120, C. Val. Alphius CIRh 434 graecum est; de Alphia Maxi[ma] IRN 2945 non satis constat.

[2] *Orfiti* scripturam multi tituli exhibent, e quibus antiquissimos duos afferam: 'Cornelio Orfito Cos.' VI 1984[6] a. p. Chr. n. 51. idem Orfitus invenitur VI 353.

a. p. Cbr. 70. In codicibus semper quantum equidem observavi *Palfurius* scribitur v. Suet. Dom. 13, Iuv. sat. IV 43,
Script. histor. Aug. ed. Pet. II 88⁶. II 198², Itinerar. An-
tonini ed. Paleius p. 398⁷. quamquam nominis etymon nondum
quod sciam indagatum est, tamen quin vere italicnm sit
recteque per *f* scribatur non dubito.

Phidelis[1] C. Publei Phidelis CIL VI 1058 (III 30) a.
p. Chr. 210.

E codicibus, in quibus *f* per *ph* scribendi vitium late
grassatur, pauca expromam exempla. sic in codicibus editio-
nibusque plerumque scribitur *mephitis* (Mephitis si pro
Dea est), quamquam in titulis non nisi *Mefitis* per *f* exstat v. CIL V 6353 IRN 307. 376. 377. 378. 1403.
4540. quam scripturam clare testatur Priscianus I p. 328⁵,
ubi Hertzius cum codicibus falsissime legit *mephitim*. addo
quod per totam Italiam Mefitis colebatur, iam Mefitis
quin sit italicum nomen, quod iure meritoque per *f* scribatur, nemo dubitabit, quamquam de voculae etymo nihil
constat v. Prelleri Mythol. Roman.² p. 394. 522. sic recte
Palimpsesti quoque Vaticani Cic. Verr. act. II lib. I 128
Phaenii scripturam — ed. Halm. p. 168²¹ Cn. Phaenius;²³ Cn.
Faeni (PH supra script.);²³ Fenio;²⁴ Cn. Phenio; Lagomars.
29 qui praeter Palimps. Vat. solus hunc locum servavit C.
Fanius C. Fanii Cn. Fanio exhibet — expediemus, Cice-
roni *Faenii* nomen restituentes. *Faenius* saepe in titulis
invenitur e. gr. in CIL VI 1919. 1920. 199. 200 (VI 32.)
Editores Ciceronis *Fannium* emendarunt, quod longius recedit a Palimpsesti memoria. In Lag. 29 *Fanio* tam *Faenius* quam *Fannius* latere potest. *Cn. Faenius* tam igno-
tus est quam editorum *Cn. Fannius*.

Omnia quae protuli aspirationis in vocabulis graecis et

---

[1] De *C. Rupho* CIL I 1394 non satis constat.

omissae et transpositae et falso additae et latinae *f* per *ph* graecam ut ita dicam aspiratam scriptae exempla quamquam abhorrent a legitima titulorum publicorum nummorumque orthographia et fixis in his rebus grammaticorum praeceptis, quae optimae aetatis scriptores quoque secutos esse nemo negaverit, tamen quae animadvertantur dignissima sunt. omnibus enim his exemplis docemur, in vivo volgarique quem dicunt Romanorum sermone aspiratam labialem, ut antiquitus ab eo alienam fuisse, sic ubi primum in eum translata est, paullatim pedetemptimque propagatam magnamque adeptam esse potestatem, quae imprimis eo cernitur, quod et multis graecis vocabulis *π* habentibus aspiratum est et multa latina vocabula quasi graeca essent per *ph* non per latinam *f* litteram scripta sunt. sed quo maior aspiratione in latinum sermonem translata novatio fuit — eius vim nos quidem in una littera monstravimus — eo magis eam in latinis quoque vocabulis transformandis vestigia reliquisse exspectari licet. et notum quidem est *c* et *t* litterarum in latinis vocabulis aspiratarum exempla nonnulla iam veteres grammaticos collegisse — v. Ciceronis or. § 160, Quint. I 5, 20, Probi cathol. I p. 10.[20] K. — et etiam in Oscorum monumentis huius aspirationis exempla exstare velut *Perkhen.* 86 Zvet. (in eodem titulo *aphinis* quid sit ignoratur) et *phim* in tab. Bant. contra si a Ciceronis Quintilianique *triumpo triumpho* (quod ut infra docebo latinum non graecum est) recedis, nullum aspiratae exemplum grammatici nobiscum communicarunt. quare operae pretium mihi visum est, titulos librosque manu scriptos denuo — nam pauca exempla iam collegit Roscherus in vol. II Curtii Studior. — perquirere, num exstent exempla, e quibus de aspiratione ut *c* et *t* sic *p* quoque in vocabulis Latinis addita certa fieri possit coniectura.

Iam secuntur quae inveni exempla. Ex eis quae praecedunt cognosces ut vocabula graeca ita latina quoque, quibus aspirationem additam esse aliunde constat, per *f* (= *ph*) scribi posse. Quare si e. gr. de *palphebris* constare mihi videbatur, sine ulla dubitatione *palfebras* idem sibi velle quod *palphebras* censui. tum maximam adhibendam esse cautionem in colligendis exemplis ex antecedentibus patet. in unoquoque latino per *ph* scripto vocabulo quaerendum erit, num *ph* pro *f* scripta sit an pro aspiratae exemplo iure habeatur.

Semel aspiratum ·est vocibus hisce:

phiissimo in titulo Ostiensi primo p. Chr. n. s. confecto. v. Roscherum l. l. p. 425.

P. Popphaedi IRN 6306, 123.

phosit[1] CIL III 4579.

---

[1] Sciens omisi exempla de quibus parum constat velut *Limphidia* CIL II 4451, *Philumno* IRN 6558, *M. Philonius* CIL VI 736, *Calphur[nius]* II 1395, *Calphurnia* V 5617. Haec duo Calphurnii (Calphurniae) exempla pro certis habuit Roscherus, qui e Gruteri sylloge p. 766[8] et 905[6] sumpsit. Cum in Gruteri Muratorii Reinesii titulorum latinorum syllogis plura huius voculae aspiratae exempla inveniantur, quae Roschero et Schuchardto de voc. Lat. volgar. I p. 18 plane certa esse visa sunt, hoc monere velim ea ad unum omnia falsa et a medii aevi hominibus profecta esse, quod facillime ex hac tabella perspicies:

Calphurnia Grut. 981[10] = IRN * 431.

Calphurnius Grut. 299[1] = IRN 697[11] *Calpurnius*.

Calphurnia Mur. 1465[11] = CIL II 2330 *Calpurnia*.

Calphurnio Rein. XIII 30 = Gori inscr. etrusc. II 39 *Calpurnio*.

Calphurni Mur. 8017 = Gori inscr. etrusc. II 31 et III 176 *Calpurni*.

Calphurniae Gori Ins. Etrusc. II 180[9], sed apud eundem I 49 idem titulus *Calpurniae* exhibens legitur; nam quin 'Dis Manibus Calpurniae (I 49; Calphurniae II 180[9]) L. L. L. Heroidis' quamquam I 49 inter Florentinos, II 180 inter Volaterranos refertur, cui posteriori adscripsit: 'alicubi, in eadem civitate', idem titulus sit eumque false bis in syllogen suam receperit Gorius, vix dubium esse potest; certissime hoc *Calphurniae* exemplum nibili est.

Calfurnio Grut. 408[1] = CIL V 532[28] *Calpurnio*.

Iam patet minimam esse titulis Reinesii IX 9 Ferrariano, quem frustra in CIL V quaesivi, *Calphurnius* et *Calphurniae* et Mu-

14

Raro quantum equidem observavi *ph* pro *p* in codicibus scripta inveuitur.

Certe cavendum est, ne talibus quae semel in libris m. s. scriptae exstant neque aliunde comprobantur formis nimiam tribuamus fidem ex eisve certam de pronuntiatione faciamus coniecturam; neque magis titulorum *phiissimo Popphaedi phosit* exempla, quae certe prodierunt e magis magisque crebrescente aspiratae labialis usu quo homines parum litterarum urbanique sermonis periti inducebantur, nt tam graecis vocabulis quam latinis hic illic aspirareut, cum rara

ratorii 1358, 4 Tiburtino *Calfuriae* — siquidem re vera est pro *Calfurniae* (*Calphurniae*) — exhibentibus fidem, cum aliunde de iis quod equidem sciam non constet. In titulis ergo nullum certum *p* in Calpurnio (Calpurnia) aspirati exemplum exstat; non me fugit XII^mo p. Chr. n. saeculo recentiores libros m. s. hic illic *Calphurnium* exhibere, sed horum scripturis, praesertim cum ab optima totius antiquitatis memoria plane abhorreant, fidem quis est qui habeat? *Calphurnii* formam a medii aevi hominibus deformatam et titulis illis intrusam esse elucet. occasione data moneho me eisdem de causis *Semphronii* formam omisisse, quam Schuchardtus l. l. protulit, testimoniis non additis. ipse nullum X^mo p. Chr. n. s. antiquius *Semphronii* exemplum indagavi; hoc certum est, in titulis et optimis antiquissimisque codicibus Livianis Puteano s. VI—VII Laurishamiensi s. VI Veronensi s. V non nisi *Sempronium* scribi. prae his testibus recentiorum librorum m. s. scripturae nihili sunt.

Praeter haec omisi *Lophum* (. . . ue P. L. Lophus) IRN 2383 g. III 5, quod graecum esse *Λόγον* quam latinum *Lupum* (de vocalis mutatione cf. Schuchardtum l. l. II 158, III 217) probabilius videtur. contra *Apphia* (Sentia Apphia mater CIL V 5380) est certe graecum *Ἀπφία*, quod ut *Ἀπφιάς* (cf. Apphias IRN 604) vel *Ἀφφιάς* (Affias CIL VI 2884) *Ἄπφιον Ἀπφίδιον* ab *ἀπφά ἀπφύς* derivatum est; de *Appio* vel *Appia* servorum libertorumve nomine probo de Vit in Onomastico sententiam, qui ea graeca non latina esse censet.

Nomen *Gramphicii* (C. Gramphicius Firmus CIL VI 2375^b II 31) quid sit nescio, nisi forte *Gramphicium* a *γραφικός* derivatum esse putandum erit.

singulariaque sint prae recta legitimaque orthographia, demonstrare possunt, Romanos formas quae a *ponendi pii Poppaedi* vocabulis descendunt non per solum *p*, sed per *ph* unquam pronuntiasse. tamen ut monstrem quam multa in his rebus ex analogia et similitudine quadam alterius cum altera voce profecta sint duo afferam exempla, alterum e Porphyrione ad Hor. Sat. I 5, 49 p. 216[18] M. cuius cod. M. *phila* (pila lippis inimicumst ludere crudis) exhibet, quod scripsit nisi fallor librarius cum *phila* (*φίλα*) eius obversaretur animo, alterum e Plauto, cuius Curculionis v. 463 sic in libris exstat :

'Halophantam an sycophantam hunc magis hoc esse
dicam nescio.'

Libri plautini cum Nonio p. 120[8] Merc. = 125 Quich. in *halophantam* consentiunt. sed Festum Paulli p. 101[18] *halapantam* scripsisse libri docent eiusque etymologia. (' halapanta .... ab eo quod halet omnia. *ἄλην* enim Graeci *τὴν* (*τὸν?*) *πλάνην* id est fallentem appellant '. vides Festo in *halapantae* posteriore parte *πάντα* latere visum esse; e Paullo sine ullo dubio glossa haece: ' halapanta: Omnia menciens ' pervenit in Breviloquum Benthemianum nuper ab Hamanno editum). si memineris Plautum *sucopantam* pronuntiasse, cognosces Festi *halapantam* prae librorum Plauti Noniique *halophanta* antiquius esse magisque ad ipsum Plautum recedere. sed quis est halapanta? vetus codex (*halophantam* am ex *em*) *halophantem* exhibuit. luce clarius est in ea quam B exhibet voculae terminatione latere participium latinum in — *antem* exiens. si vero prior voculae illius pars *halap* potius quam *haloph* esse nobis visa est, quaerendum nunc iam erit, num *halapantem* participium esse possit. et exstat in plebeio sermone verbum alapandi, quod idem esse atque halapandi verbum, ad quod memoria Plautini illius versus recedere nobis videbatur, quis est qui neget? Roenschius in Musei Rhenani t. XXXIV p. 632 *alapari* significatu *gloriari, se iactare* usurpari docet; quamquam falsa est viri doctissimi etymologia. et cognatione et significatu *halapari* proxime accedit ad germ.

gelf = lautes Tönen, Brüllen, Spott, Uebermut, Hohn; *gelfen* = schreien, übermütig sein, prahlen. Et animadvertas quaeso ipsam hanc vim significationemque requirere Curculionis versum — nam eundem, quem halapantem an sucopantam recte dicat nescit, antecedente versu nugatorem lepidum dicit choragus, sequente vero versu ʻornamenta quae locavi metuo ut possim recipereʼ indicat sucopantae nomen (i. e. nostrum *Betrüger*) magis in illum quadrare sibi videri. opponitur ergo sucopanta hominum cuidam generi quod quamquam nugatorium bene dicitur tamen a deterrimo sucopantarum defraudatorumque genere differt; vide ne hunc sensum requirat versus: *einen blossen Prahler oder geradezu einen Betrüger nennen soll* e. q. s. isque quam proxime ad Festi Noniique voculae illius interpretationes accedat, qui halapantam mentientem interpretantur. his expositis nulli me quidem iudice dubitationi obnoxium esse potest, quin Plautus:

hálapantem an súcopantam hunc mágis dicam esse néscio,

scripserit; in fine versus restituendo secutus sum Goetzii novissimam editionem. si quis in *halapantem* producta prima syllaba offendet, ei cum Guyeto post: *hălapantem ne* particulam inserere licebit. si Plautus *halapantem* scripsit, clare cognosci potest, quantum ad transformandam illam formam *sucopanta* valuerit. nisi B codicis exstaret scriptura *ha(lap)antem* — eam casu factam esse quis est qui contendat? — non refragarer contendentibus ipsum Plautum ab halapandi verbo ioci causa formasse *halapantam* ad exemplar *sucopantae*, ut graecam terminationem alibi quoque adhibuit v. *glandionida nummosexpalponides*, quamquam *halapanta* ad exemplar sucopantae formatum nec usitate nec recte est. Multo est ergo probabilius Plautum scripsisse *halapantem*, glossatores vero quibus halapandi plebeium et e volgari sermone petitum verbum parum notum esset, ex hoc effecisse *halapantam*, cum ut sucopanta vere Graecum est sic sequens quoque verbum graecum esse arbitrarentur. vide Festi etymologiam quae docet in *halapantem* re vera graecum vocabulum quaesivisse Romanos. Certissimum vero est, adspirationem quae sucopantae inde a VII u. c. s. recte addebatur effecisse, ut ex *halapantam* evaderet *halaphantam* et quo magis aequaretur *sycophantae* etiam *halophantam*. hoc igitur verbum aspirationem suam debet ei quod subsecutum est.

Haec aspirationis semel additae exempla pro meris vitiis potius quae e diversis causis orta sint quam pro veris quae in ore Romanorum versatae sint formis habenda sunt. neque magis e *sephulcro,* quod ter inveni in titulis Orelli 5423 CIL II 3317 VI 3452⁶, hanc formam re vera unquam in usu fuisse conicies, cum inde ab extremis liberae rei publicae temporibus sepulcri orthographia inter *sepulcrum* et *sepulchrum* fluctuet; cf. Hoffmannum indicis gram. ad Afric. tit. lat. p. 38, et CIL VI haec *sepulchri* exempla: 2259. 3324. 3608. 1343. 2204¹⁰, et ita quidem, ut *sepulchrum* quasi sit. a *pulchro* (v. Charisium GL I 73¹⁷) plebeia magis ac volgaris forma fuisse videatur, quam grammatici condemnant, v. Cic. or. § 160. Gelli n. a. II 3, 3. Mar. Victorinum GL VI 21²³. Caprum GL VII 93². nemo dubitabit, quin in *sephulcro* aspiratio transposita sit. unicum est aspirationis in latinis vocabulis transpositae exemplum ideoque quod animadvertatur dignum. graeca eiusmodi exempla v. p. 6.

Ab his quae modo attuli exemplis ea quae secuntur eo potissimum differunt, quod aspirata forma plus minus in volgarem abiit usum. in haec potissimum inquirendum erit, ut causas cur vocabulis aspiratum sit cognoscamus.

Incipiam a *lympha, lymfa* (limfa). De *lumpa,* ceterarum formarum: *lumpha, lympha, lymfa* (limfa) origine iam diu ex osc. *Diumpaís* lat. *limpidus* cui addere poterant Lucilii *limporem* (ed. Lachm. v. 1190, Nonii p. 212 libri *limforem* exhibent), quod italica ut ita dicam terminatione ex eadem qua *limpidus* radice evasit, coniecturam fecerunt viri docti; v. Ritschelii opusc. phil. II 490 Roscherum l. l., testantur vero hanc antiquam veramque qua vetustiores Latini utebantur, formam titulus Pompeianus CIL IV 815: 'L(u)mpas Romaneses', glossa Hildebrandi p. 200[194]: 'lumpae: aquae vel undae', et nisi fallor Varro de l. l. V 71 qui 'ab aquae' ait 'lapsu lubrico lympha' (siç libri). si Varronem etymologiae causa *lubrico*, ad quod *lympha* origine proxime accedere ei videbatur, addidisse patet, non *lympham* sed *lumpam* eum pronuntiasse et scripsisse mihi quidem certum est. sed cum idem de l. l. VII 87 *lympham* a νύμφῃ dictam esse censeret (idem statuerunt Festus Paulli p. 120[11]; Priscianus in art. gramm. GL II 36[22] et de figur. num. III 407), eum hoc loco *lympham* vel *lumpham*, si *numpham* quoque pronuntiavit, pronuntiasse apparet. duae igitur eiusdem voculae formae (lumpa, lumpha vel lympha) Varronis temporibus circumferebantur, quarum altera paullatim plane abolevit, altera in usum cottidianum abiit. in titulis cum *lumpae* formae unum exstet exemplum, inveniuntur: Lumphieis CIL I 1238, Lumpheis IRN 5728 a. u. c. 749, postea Lymphis CIL III 6373, V 3106, IRN 3520 et 3524, Lymfis CIL V 5648; IRN 7146 *lymfa* pro aqua est, in ceteris illis titulis Dea est vel Deae, quae Lymphae ab aqua vocantur. ut hoc addam, in omnibus codicibus — v. e. gr. codd. Vergili Ae. I 701. IV 635. IV 683. VII 377. X 834 — aspirata forma (lympha) invenitur, cuius vices, cum *ph* per *f* scribi coepta est, *lymfa* et *limfa* obtinuit; v. e. gr. cod. Salmas. s. VII in Symposii aenigmatis anth. lat. ed. Ries. 286 vv. 143. 201. 206. 228. 242. luce clarius est, e *lumpa* evasisse *lumpham* tum *lympham*. bene accidit, ut in hoc vocabulo certam causam, cur Romani huic voculae aspirationem addiderint, dignoscere possimus. cum Graecorum Νύμφας eodem atque ipsorum Lumpas munere ut aquis praesiderent fungi (v. titulos hosce: CIL I 1238:

L. Rantius. L. f. Tro. Lumphieis.

Λεύκιος Ῥάντιος Λευκίου υἱὸς Νύμφαις.

et V 3106: Nymphis Lymphisque Augustis ob reditum aquarum P. Pomponius Cornelianus)

cum νυμφολήπτους et lumpaticos eosdem homines dici viderent Romani, evenit ut duas voces unam eandemque esse censerent et ad exemplar numpharum et nympharum lumphas et lymphas novarent. itaque in *lumpa lympha* certum etymologiae quae dicitur volgi exemplum nobis servatum esse non negabis. animadvertas quaeso duobus illis titulis demonstrari iam liberae rei publicae temporibus lumpharum formam in usu fuisse. si Varro primus lumpam a *νύμφη* derivasset et propter ipsam hanc derivationem lumpha lympha in usum venisset, iure meritoque miraremur iam in titulis illis exstare noviciam hanc formam. me quidem iudice aspirata forma (lumpha lympha vel Lumphae Lymphae) non grammaticis originem debet, sed recte nisi fallor difficultates quas propter duplicem unius voculae a Varrone factam derivationem moverunt editores eius, solvemus, si statuemus, Varronem cum duas eiusdem voculae formas in sermone inveniret, aliam alii derivationem adaptasse. Festus vero Priscianusque aut Varronis etymologiam lymphae a *νύμφα* secuti sunt, aut, cum suis temporibus tantum lympham pronuntiari audirent, ipsi eandem quam Varro derivationem fecerunt.

Opicus, ophicus. E Lydi de mens. I 13 p. 6. Bekk.: *Κατάγεται* (sc. *Αἰνείας*) *ἐν πόλει τῆς Ἰταλίας λεγομένῃ Λαυρεντίᾳ, ἣν καὶ Ὀππικὴν φασιν ὀνομασθῆναί τινα, ἐξ ἧς καὶ ὀππικίζειν καὶ — ὡς τὸ πλῆθος — ὀφφικίζειν τὸ βαρβαρίζειν Ἰταλοὶ λέγουσιν,* certum fit *ὀφφικίζειν* aspiratam formam posterioribus temporibus volgarem fuisse. constat *opicos* primo fuisse gentis illius quae postea Osci vocabatur, nomen (v. Festi p. 189), unde apud scriptores graecos *Ὀπικοί* plerumque hi dicuntur, postea vero translatum esse nomen ad homines illitteratos et barbaros. ex hoc adiectivo verbum[1] illud graecae terminationis ope (v. *βαρβαρίζειν λακωνίζειν*) compositum est. conferas velim Philoxeni glossam: 'apicus: *ὀππικιστής ὡς Ἰουβενάλιος*' (lege: *opicus*; errore inter

---

[1] Verbum *opicizin* (*ὀπικίζειν*) praeter Lydi testimonium exhibent scholia Pithoeana ad Iuv. sat. III 207: 'et divina opifici] opi-

vocabula ab *a* incipientia relata est glossa). ὀππικιστὴς praeter glossam hanc nusquam invenitur; mea quidem sententia
ad exemplar λακωνιστῆς sim. formatum est. sed quod gravissimum est aspirationem verbi ὀφικίζειν — duplicem φ
non curo — in sermone latino ortam esse ipsa declarant Lydi
verba; et ex ὀφικίζειν etiam de *ophico* coniecturam faciamus
necesse est. hanc formam testatur nisi fallor Servius ad Ae.
VII 730: ʿOscorumque manus] Capuenses dicit, qui ante *Ophici*
(gu. 1: *officii*; Lion: *osci*; sed *ophici* legendum esse docet
quae sequitur etymologia) appellati sunt, quod illic plurimi
abundavere serpentes. nam Graece ὄφις dicitur serpens'. quocum compares velim Stephanum Byzantium p. 494ᵉ: Ὀπικοὶ
ἔϑνος Ἰταλίας Εὔδοξος ἕκτῳ γῆς περιόδον. γλῶσσαν συνέμι
ξαν. οἱ δὲ ὅτι Ὀφικοὶ ἀπὸ τῶν ὄφεων et Hesychium: Ὀφικοὶ
οἱ νῦν Ὀπικοί. si grammaticos vel grammaticum qui est
communis Servii Stephani Hesychii fons, non potuisse derivare Opicos ab ὄφεσι nisi Ophicos pronuntiari audissent vel
ipsi pronuntiassent, veri sit simillimum, ad gentile Opicorum
vocabulum, quod iam Augusteis temporibus plane aboleverat
ab adiectivo illo a quo Lydi illud ὀφικίζειν descendit, aspiratio translata est. sed quae fuerit causa, cur volgus huic
voculae aspiraverit — nam *ophicus* teste Lydo volgaris est
forma — nescio [1].

---

zin Graeci dicunt de his qui imperite loquuntur' Leidensia ad l. l.:
ʿopici] opizin dicunt greci diminuere, hinc et opicos vocamus eos
qui verba inter dentes ita frendentes diminuunt ut non possint intellegi'; utroque loco legendum esse *opicizin* docent glossae Parisinae
ad Iuv. l. l.: ʿopicizin dicitur minuere litteram loquendo'. nescio
an in altero scholio Leidensi ad l. l. cuius cod. B et Ugutio teste Du
Cangio IV 716 *opizare* exhibent‚ (contra cod. C. *opizisare*) recte restituatur *opicare*; hoc si verum est, *opicare* est latinum ab *opico*
formatum verbum; sin vero minus tibi placebit, *opicizare* legatur
necesse erit; inter *opicizin* et *opicizare* eadem quae inter *barbarizin*
et *barbarizare* intercedit ratio.

    [1] Ut e Lydi ὀφικίζειν certum aspirationis Latino vocabulo ad-

Palphebrae, palfebrae aspiratione addita inveniuntur his locis: *palphebris* in cod. Sessoriano s. VIII—IX Augustiniani Speculi ed. Mai in Nov. Biblioth. Patr. vol. I c. XXI p. 27 = c. XXXIV p. 46, c. XXVIII p. 40, c. LIII p. 66 (contra *palpebris* c. LIII p. 67, hoc loco *palphebris* legi falso dicit Schuchardtus de Voc. Lat. volg. III p. 4); *palphebrae* ibid. c. XXXIX p. 50. ʿ*papetrae* genae, *palphebeae* pili' codex Bernensis 338 s. IX—X Capri GL VII 110, 18; contra *palpetrae* sive *palpebrae* ceteri eius libri. *palfebris* cod. Laur. Orosii s. VII 241[8], teste Schuchardto l. l. *palfebris* cod. Darmstadt. s. VII Fortunatiani (art. rhetor. III 133[8] Halm.). cum aspirata palpebrarum forma saepius inveniatur, eam re vera in usu fuisse negari nequit. Caprum et Fortunatianum ab ea abstinuisse eamque eorum librariis deberi certum est; qua si ipsi Augustinus et Orosius usi sunt, iam exeunte IV saeculo in usu eam fuisse putandum erit; nam quod et in Augustino et in Orosio invenitur, id vix casu factum est. cur palpebris aspiratum sit nescio nisi forte putandum erit *palpefras* quae *palpebrarum* genuina est forma in plebeio sermone longius in usu fuisse (velut *Mulcifer* pro *Mulciber* et *sifilus* pro *sibilus* saepe invenitur) eiusque spirantem effecisse ut praecedenti tenui aspiratio adderetur. quod si verum

ditae exemplum prodiit, ita cave ne Σολφίκιον (CIG II 2416[16], cui aliud exemplum ex Ephemeride Archaeologica addidit Benselerus in Onomastico) pro *Sulpicio* adspirato habeas. Σολφίκιος aut, si re vera pro Sulpicio est, adspirationem in sermone graeco accepit, nam in titulis latinis antiquioribusque codicibus non nisi *Sulpicius* scribitur, aut descendisse potest a radice unde *Sulfius* (IRN 5975, hoc idem est nomen ac Λεύκιε Σόλφιε CIG add. 2822 9, 2; Benselerus Σόλφιε pessime habet pro *Sylvio*), ita ut *Sulficius* quamquam quod sciam nomen in latinis non exstat, a *Sulpicio*, quod sine dubio ad Sulpium recedit, differat eodem modo quo *Ofellius* ab *Opellio* osc. *Upils* ab *Ufiis*.

est, mediae inter *palpefras* et *palphebras* intercedunt *pal-phefrae.*

Siparum, sipharum, sifarum. Siparum est genus veli unum pedem habens v. Isidori orig. XIX 3, 4, apud quem *siparum*, non *supparum* legendum esse eius originatio 'quod ex *separatione* existimant nominatum' ostendit. *sipari* formam testantur optimi libri Senecae epist. 77, 1. 2, Medeae v. 328, Herc. Oet. v. 698, Statii silv. III 2, 27. Lucani Phars. V 429: 'summaque pandens suppara velorum perituras colligit auras' nulla scripturae discrepantia adnotata Cortius et Weberus legunt; sed e commentis Bernens. ed. Vs. p. 171ᵃ *sipara* praebentibus colligere licet Lucani codices qui commentatori illi ad manus erant, *sipara* exhibuisse. pro *siparo* invenimus in codice rescripto Frontonis p. 97 Nab. *sipharis*, ap. Tertull. adv. nat. I 12 *siphara* et apol. c. 16 *sifara* (sic optimi libri), neque casu factum esse videtur, ut scholiorum Iuven. ad sat. VIII 186 lectio *siphario* consentiat cum comm. Bern. p. 171ᵇ: 'sipara vela sunt minora, unde et pantomimorum vela sic dicuntur: *siphario* (sic CDᵇ) clamosum ageres ut Phasma Catulli' (est versus 186 sat. VIII Iuvenalianae). Commenta Bernensia et scholia Iuvenaliana hunc versum sumpserunt ex exemplari, quod *siphario* dabat, ipsum Iuvenalem *sipario* scripsisse (v. optimos eius codd.) negari nequit; commentorum scholiorumque *siphario* sine ullo dubio recedit ad librarium, qui pro *sipario* *siphario*, quod sibi magis familiare esset, scripsit; confer etiam codicem Fuxensem Apulei Metamorph. X 29 p. 961 Hildebr. *sipharis* exhibentem. cum siparium (id est genus veli mimicum Festi Paulli p. 341) a siparo deminutiva quam dicunt terminatione derivatum sit, haec sipharii exempla optime accedunt ad superiora illa *siphari*. Nabero, cum in Frontonis illo *sipharis p* aspiratam videret, hoc vocabulum a Graecis sumptum esse videbatur et exstat sane apud Arrianum διατριβ. Ἐπικτ. III 2, 18: ἐπαίρειν τοὺς σιφάρους quod praeterea apud Graecos quod equidem sciam non invenitur nisi

in titulo Ephesio apud Wood discoveries at Ephesus app.
V. No. 3 p. 46⁸, quem Vsenerus mecum communicavit, quique inter res ad theatrum pertinentes, quas vir Romanus
Ephesiis dono dat, τοὺς σειφάρους exhibet[1]. sed Naberi sententia falsissima est. primum quidem si σείφαροι et siphara
graecum esset vocabulum, mirum esset quod Iulius Pollux
I c. 91 ubi velorum genera percenset, σειφάρους non habet.
tum sipara quomodo a suparis[2] divelli possint nescio. et res

---

[1] Ap. Hesychium s. v. ἐπίδρομον σίφαρον e coniectura restitutum est.

[2] suparum, non supparum legitima est forma:

1. supparus vel supparum legitur ap. Festum p. 310 M. Festum Paulli p. 311 M. Nonium p. 540. Arnobium II 19 p. 63⁶. Reiff.
et Lucanum Phars. II 364, cuius accurate ad codices expressam editionem hodieque desideramus. Commenta Bernens. ad l. l. a Festi
aliorumque grammaticorum interpretationibus pendent, unde suppari
scriptura in ea inrepere potuit. Prisciani libri GL II 169, 17 inter
supparum et suparum fluctuant.

2. his testimoniis opponuntur haece: cod. Salm. anth. lat. ed.
Ries. 198²²: 'arma tegant nostrum potius quam sipara corpus', et
glossae aliquot suparum exhibentes v. Mai class. auct. VI 547: 'supara: tunicae, subunculae (l. subuculae)' et Dieffenbachii glossar. lat.-
germ. imprimis autem Varro (de l. l. V 131) me quidem iudice suparum testificatur hoc vocabulum a supra derivans quamquam libri
eius supparum exhibent; si hoc scripsisset non potuisset dicere: 'alterum quod supra, a quo supparus', sed sup-arum et sup-ra coniunxit; ipse autem huic suae etymologiae parum fidei tribuit addens:
'nisi id quod item dicunt osce'.

3. si cum Plauti versu 232 Epidici:

'súbparum (sic B; supparum A) aut subnimium (subnimiumst

Non. p. 540, subnimniam A), ricam, básilicum aut exóticum'
(sic versus scribendus esse videtur; sine ullo dubio supărum ioci
causa sic quasi esset sub-părum, scripsit Plautus, cui respondet subnimíum, quod ipse finxit) comparaveris Nonii p. 540: 'supparum
quod subtus appareat' etymologiam, ad quam ipsam vel similem
quandam recedit subpari scriptura quam praeter cod. B Plauti deprehendimus in Comm. Bernens. cod. C. p. 72²² et cod. Bamberg.

monet (sipara sunt in universum vela lintea, supari vel supara
vestimenta lintea) et tota vocularum historia, unam hanc
esse vocem. quod Festus p. 310[19] *suparos* (supparos libri,
falso, v. adnotat. nostr.) dixit, id Tertullianus *siphara* dicit,
quod Afranius v. 123 Ribb. Novius v. 70 alii *suparum*, id
poeta in Anthol. lat. 198[28] *siparum*. haec exempla suffici-
ant. demonstrant vero has formas non nisi vocali pro temporum
ratione mutata inter se differre, et cum suparum paullatim
abolesceret, siparum magis magisque in usum venisse. at si
quis cum Nabero siparum graecum esse vocabulum statuet,
is aut siparum a suparo separare debebit aut suparum quoque
cum σειφάροις (vel σιφάροις) componere, quod propter vocales
nullo modo fieri potest. contra sic recte statuemus, suparum
esse vocem italicam (Osci quoque eam habuerunt teste Varrone de l. l. V 131), inter sūparum et sīparum quod utrum-
que ad soiparum recedit, eandem intercedere rationem, quam
inter plūrima et plīsima, inter sūbulonem et sībilum (nam
sūbulonem etruscam esse vocem vix quisquam crediderit Varroni et Festo). quae si vera sunt, Arrianus et titulus Ephe-
sius σιφάρους et σειφάρους (ι longa per εῖ scripta; de terminatione σειφαροι = *sipara* cf. ipsorum Romanorum *supa-
rus* et *suparum*) a Romanis sumpserunt. optime haec graeca
exempla coeunt cum latinis illis, quae aspirationem prae se
ferunt neque casu factum esse videtur, ut Fronto in Epistulis
et Arrianus quibus adde titulum Ephesium qui inter Hadria-
num et Caracallam scriptus est, hanc aspiratam sipari formam exhibeant, quam medio secundo p. Chr. saeculo in usu
fuisse ex his testimoniis certissime colligemus.

  Sulpur, sulphur, sulfur. Iam Wagnerus (orthograph.

Nonii teste Ribbeckio ad Novii v. 70, facile perspicies, quantum fal-
sae etymologiae ad supparum per *pp* scribendum valuerint. equidem non
dubito, quin sūpărum recta et antiqua forma sit, e qua *supparum*
etymologiae causa quae suparum pro composito habuit et acutiore
quadam pronuntiatione ut rūppe pro rūpe Ribb. proleg. p. 441 de-
pravatum est.

Vergilian. p. 474 cf. Ribbeckium quoque Prolegom. p. 424)
animadvertit, codices antiquissimos Vergili *sulpur* exhibere,
quam formam servarunt codices Salmas. s. VII anthol. lat.
(I 17 v. 332, est versus Vergili ge. III 449) et Bobiensis s.
VII—VIII Probi (GL IV 15⁸⁰, est versus Aeneidis VII 517).
adde Lucreti codd. VI 221. 747. 806, Quintiliani (I 6. 22)
codd. AB, Iuvenalis (II 158. V 48) cod. Pithoe. *sulpuris*
formam exhibentes, iam nemo dubitabit, quin ea ab optimae aetatis scriptoribus usurpata sit. quibus Plinius quoque iure adnumeratur, quamquam in. Silligii editione non
nisi ter (XXXV 174. 177. XXXVI 138) scripturae discre-
pantiam adnotatam invenio; sed omnibus his locis codex
Bambergensis *sulpur* exhibet. saepissime sulpur apud grammaticos latinos legitur, sed duo tantum exstant loci, e quibus
de voculae pronuntiatione scripturaque certam coniecturam
facere nobis liceat. Priscianus GL II 154⁸⁴ docet: '.....
in *ur* si sint propria vel deorum vel gentilia vel appellativa
avium vel *f* ante *ur* habentia masculina sunt: Anxur, Astur,
turtur, vultur, furfur. alia vero omnia eiusdem terminationis
nomina neutra sunt: sulpur e. q. s.' ex hoc loco. quamvis
omnes Prisciani libri m. s. *sulphur* exhibeant, eum *sulpur*
pronuntiasse certo colligitur. nam *sulfur* non scripsit; et
sulphur certissime nominibus Graecis adnumerasset, cum latinam vocem *ph* mediam habentem ne nosset quidem. vide ad
Lympham et triumphum adnotata, quae graeca vocabula esse
videbantur grammaticis. alter locus est Isidori or. XVI 1,
9: 'sulpur (sulphur codd. et edd.) vocatur quia igne ac-
cenditur, πῦρ enim ignis est'. si in sulpure πῦρ latere
videbatur, sine ullo dubio Isidorus vel is quem secutus est
sulpur non *sulphur* vel *sulfur* pronuntiavit scripsitque.

His testimoniis nisi sulpur veram pristinamque formam
esse iure meritoque statuemus, quam cognatae quoque linguae
testantur: got. *swibls*, anglos. *suefl*, nostr. *Schwefel*, de con-
sonis lat. *sulpur* et got. *swibls* confer lat. *septem* goth.
sibun. Ex hac forma aspiratione addita *sulphur* evasit et

sulfur. prima *sulphuris* exempla invenio in codicibus Novi Testamenti Fuldensi s. VI et Amiatino s. VI. sed ne longus sim hos tantum locos exscribam:

sulphur Apoc. IX 17. (sulphor Ful.);

sulphure ibid. IX 18 (sulphore Am.); XIV 14; XXI 8 (sulphore Am.); XIV 10 (sulphore Am.); sulphuris ibid. XX 10 (sulphoris Am.).

Iam adnotavi ipsos Priscianum Isidorumque *sulpur* scripsisse. nonne veri est simillimum, etiam ceteros grammaticos hanc orthographiam secutos esse? Sed praeter supra laudatum Probi codicem Bobiensem et Prisciani DK codices (GL II 223, ubi servatus est Vergili Ae. VII 517: sulpurea Nar albus aqua) ad unum omnes grammaticorum libri *sulphur* (sulfur) scribunt. patet Prisciani codicum p. 155[11] omnium et p. 223[a] praeter DK ceterorum *sulphuris* scripturam (de vocalibus solphuris vel sulphoris nunc non quaero) a librariis profectam esse, qui suam sibi familiarem formam (i. e. sulphur) in textu reposuerint. plane idem eos fecisse in ceterorum grammaticorum libris mihi persuasum est; veluti in Charisio GL I 32[13], in Victorini de metris et hexametris GL 212[21]. quae cum ita sint, *sulphur* inde a quarto aut quinto p. Chr. saeculo — nam in sexti saeculi libris iam regnat — cottidiani usus formam fuisse elucet.

Constat saepe fluctuare codices inter *sulphuris* et *sulphoris* formas. Augustinus in regulis GL V. 499[24] sulpur, sulporis, Quintilianus I 6. 22 sulpur, uris, declinandum esse praecipiunt. nominativum quoque in -*or* exiisse docent cod. Fuld. Apocal. IX 17, cod. Bernens. s. X. anecd. Helvetic. p. 102[5], gloss. Philoxeni 'sulpor . . . .' hinc profecti *sulpor, oris* antiquiorem formam a volgari sermone diutius servatam esse quam ab urbano, qui ut multa alia — cf. robor: robur — sic etiam recentius sulpur recepit, recte statuemus. si vero *sulpor* re vera pronuntiarunt Romani, nonne veri est simillimum ex hac forma prodiisse *sulphor* analogia quadam Graecorum nominum ut *Nicepor Eupor* aliorum, quae aspiratione qua opus erat, addita imperatorum temporibus plerumque *Nicephor* v. CIL VI 200 a. 70. (VII 87. I 27. VI 12.) ib. 158; *Euphor* ib. 200. (VI 4); *Telesphor* ib. 975. a. 136 (II 34) ib. 200 (VI 12); *Symphor* ib. 154 a. 123, 200 (II 53) non *Nicephorus* e. q. s. in sermone Romano circumferebantur. et si e *sulpor* etymologia quam dicunt volgari quasi lateret in extrema eius parte forma illa graeca - φορος, *sulphor* prodire iusserunt Romani, eos aspirationem a *sulphore* ad *sulpur* quoque transtulisse patet. iam supra adnotavi in hac vocabulorum graecorum in - φορος exeuntium similitudine sitam esse causam, cur Romani e Βοσπόρῳ effecerint *Bosphorum*.

Ne mireris extremam vocabulorum graecorum partem, quae forte similiter atque ipsius latinae voculae extrema pars sonabat, fecisse, ut latino vocabulo aspiraretur, apponam *Tamphili* nomen, quod e *Tampilo* prodiit aspiratione addita, cum Romani *Pampilum* pronuntiare desiissent et *Pamphilum* dicere coepissent.

Tampilus invenitur: 'M. Baebius Q. f. Tampilus' in denario a. u. c. cr. 550 apud Mommsenum RMW p. 507 et in titulo Augusti temporibus scripto CIL VI 1360: 'Cn. Baebio. Cn. (f.) Tampilo Válae Numoniano . . . .' *Tampili* cognomen recte derivatur a *Tampio*, nomine italico (CIL IV 2560. III 2547. IRN 7110 eiusque indices, Ephem. epigraph. I 113. 114. 115 et 112 (Tapio)) ut *Pacili* cognomen (v. CIL I indicem) a *Pacio* (Paquio, Paccio). Tampilus ergo nomen italicum est; saepius quam *Tampilum Tamphilum* et in titulis et apud scriptores invenimus. dignum est quod animadvertatur, ipsos Baebios (cf. titulum super.) Tampilos sese appellasse etiam tum, cum vulgo iam aspiratio addi solebat; nam fasti Capitolini intra a. u. c. 718—724 conscripti et ad a. u. c. 572: 'Cn. Baebius. Q. f. Cn. n. Tamphilus' 573: 'M. Baebius. Q. f. Cn. n. Tamphilus' exhibentes non singularem nominis formam prae se ferunt, sed eam, quam tunc in usu fuisse docent scriptores Livius XXI 6, 8; XXXIX 56, 4; XXXX 18; XXXI 49, 12; Cornelius Nepos v. Hann. XIII 1.

Pomp. Attici XIII 2, quibus adde Commenta Bernensia Lucan. ed. Vs. p. 56. *Tamphili* corruptio in *Pamphilum* hic illic invenitur in libris v. Ciceronis or. Philipp. V 27; Plinii n. h. XIII 84, et Valerii Maximi I 1, 12. II 5, 1. sed ex his corruptelis docemur, ut iam supra monui, quantum potuerit terminationum similitudo ad *Tamphilum* et *Pamphilum* inter se commutanda; si memineris usque ad a. u. c. 650 *Pampilum* dixisse Romanos, eos cum *Pamphilum* pronuntiare coepissent e *Tampilo* quoque *Tamphilum* effecisse non negabis.

Triumpus, triumphus, triumfus et quae inde derivantur. veterem quam testantur Cicero or. § 160, Quintilianus inst. or. I 5, 20 *triumpi* formam in carmine[1] fratrum Arvalium CIL I 28 servatam esse nemo nescit. *triumphus* vero inde ab extremo VII^{mo} u. c. saeculo et in titulis[2] et apud scriptores grammaticosque, quorum triumphum vel triumphare per *ph* scribendi morem testantur hi: Priscianus GL II 446[11], Donatus IV 385[2] et qui Donatum excerpserunt Cledonius V 61[26], Pompeius V 239[16], anonymus grammaticus in Anecdotis Helveticis p. 257[29], legitima qua utebantur Romani forma erat, dum, cum φ per *f* scribere coepissent, *triumfi* quoque scriptura in usum veniret. v. e. gr. CIL VI 1675 ante a. 333, 1166[a] a. 350, 1158 a. 352, 1161 et 1162 a. 35[s]/9.

Corssenus II[2] 168. 169 et Jordanus in topographia urbis Romae I 1, 274 et in *Kritische Beiträge zur Geschichte der lat. Sprache* p. 210 *triumpum* graecae originis esse a Graecisque Romam pervenisse demonstrasse sibi videntur. sed equidem his viris non adstipulor. nam primum quidem *b* mediae (θρίαμβος) in *p* tenuem (triumpus) in tralaticiis vocabulis exasperatae certum exemplum nullum exstat. cave ne

_ _ _

[1] Etiam posterioribus temporibus *triumpatoris* formam interdum inveniri docet Mommsenus Herm. XIV p. 68.

[2] Prima *triumphi* exempla inveniuntur CIL I 607 a. 689 et in lege Iulia a. 709 ibid. 206[63]. de titulo Mummiano *triumphans* exhibente vide Ritschelium commentat. p. V.

cum Corsseno *Canopum* et *Canobum* compares; Κάνωπος
quoque apud ipsos Graecos invenitur v. Benseleri Onomasti-
con s. h. v. tum id quod gravissimum est, antiquissimum
est triumpi vocabulum apud Romanos. Iordani sententia
(topogr. U. R. I 1, 274) triumpum a Tarquiniis Romam de-
portatum esse me quidem iudice stare nequit. ex eis quae ad
pompam ornandam, imprimis quae ad habitum victoris per-
tinent, multa ex Etruria Tarquinios Romam deportasse quamquam negari non potest (vide Goellium de triumphi romani
origine permissu apparatu via), tamen ipsum vocabulum et
quae eo significatur res neque Graecum est neque per Tarquinios Romam pervenit. iam Romulum Ancumque triumphum egisse narrant Dionysius II 34 et 41 et acta triumpha-
lia. sed magis quam hi testes antiquam vereque latinam
pompae triumphalis originem testantur qui dicuntur in Albano
monte triumphi, qualem C. Papirium Masonem primum egisse
constat (cf. Plinii n. h. XV 126, Valerii Maximi III 5, 5.
act. triumphal. a. u. c. 523). qui cur montem Albanum
ubi triumpharet, cum in Capitolium escendere triumphans
vetaretur, elegerit idonea causa inveniri non potest nisi ea,
quod ibi iam ante Romam conditam Latinos triumphasse
ibique Dis grates ob victoriam egisse novisset. ad hunc antiquum vereque latinum morem spectant Servi quoque verba
(ad Ae. XII 35) ʻtunc neque nomen erat] hoc ideo ait, quia
in Albano res divina a iure triumphantibus fieri solebatʼ.
accedit quod quinquies *Triumpe* invenitur in carmine fratrum
Arvalium; in quo sic scribe ita ut Triumpus ipse deus quem
fratres tripudiantes invocant intellegatur. hunc nisi fallor antiquissimum usum quo Triumpus dei instar est, testantur
Varro de l. l. VI 68: ʻsic triumphare appellatum quod cum
imperatore milites redeuntes clamitant per urbem in Capitolium eunti: *io Triumphe*[1], id a Θριάμβῳ, Graeco Liberi

---

[1] In verbis Varronis et *io Triumphe* et Θριάμβῳ maioribus
litteris in nostro textu scribendum est. Θρίαμβος Dionysi est nomen

cognomento, potest dictum' et Horatius: 'io Triumphe tu
moraris aureos currus et intactas boves, io Triumphe e. q. s.'
vides inde ab antiquissimis temporibus triumpum in usu
fuisse. hisce de causis primum quod ipsis sonis triumpum
cum θϱιάμβῳ coniungere vetamur, tum quod et nomen et
quae eo notatur res antiquitus Latinis in usu fuit, de alieni-
gena triumpi origine ne cogitari quidem potest. *triumpus,
triumphus* est vocabulum vere latinum. inter quod et θϱίαμβον
quae ratio intercedat, indagare nunc non possumus. ipse pro-
babilem triumpi etymologiam non inveni, tamen apparet *triumpum* et *tri-podationem* ab eadem incipere vocula, ut iam recte
Suetonius (ap. Isidorum or. XVIII 2, 3) dicit *triumpum* (nam
sic scripsit, siquidem Suetonius, ut ceteri omnes, *ph* in
vocabulis latinis locum tenere negavit) latine potius appellatum esse dicit, quod is qui triumpans urbem ingrederetur
tripartito iudicio honoraretur. Ceteri vero Grammatici triumphum et θϱίαμβον artissime inter se cohaerere arbitrati
sunt, postquam primus Varro l. l. ad Romanum triumphum
graecum vocabulum accommodavit. ipsam aspirationem grammaticis ut haec statuerent causam fuisse disces e Prisciano
GL II 20[19] et 446[11] et Pompeio GL V 239[11]. *triumpo* cur
aspiratum sit nescio.

Haec certa *p* in vocabulis latinis aspiratae exempla inveni.
Quod aliunde scimus, id his quoque exemplis omnibus denuo
docemur, consonarum quae dicitur aspirationem antiquitus
alienam fuisse a sermone latino. nam omnium de quibus egi
vocularum formae non aspiratae certa exstant exempla, quam
primam ac vere latinam fuisse aut per se intellegitur v.
opicum palpebras siparum aut certa ratiocinatione demon-

---

cf. Athen. 1 30 B. Diod. IV c. 5. cum imperator dei, cui pompa
triumphali instituenda grates ob rem publicam bene gestam ageren-
tur, locum sustineret, id quod Iovis ipsius Capitolini habitus quo
imperator induebatur demonstrat, elucet milites, cum *io Triumphe*
clamarent, ipsum deum intellexisse.

strari potest v. *lumpam sulpur Tampilum triumpum.* contra
aspiratio, quod certis circumscribere finibus nobis licet, tempore omnibus illis voculis addita est. *Lumpha Tamphilus
triumphus* initio octavi u. c. saeculi iam in usu fuerunt, sed
isdem fere temporibus antiquiores ac non aspiratae formae
nondum oblivione obrutae erant. de lumpa lumpha v. Varronis de l. l. V 71. VII 87 et nostr. pag. 18, de Tampilo
Tamphilo nostr. pag. 27 de triumpo triumpho Cic. or. § 160.
Quae restant, *ophicus palphebrae sipharum sulphur*
Caesarum demum aetate aspirationem accepisse ex eis quae
adnotavi patet. quae cum ita sint pro certo affirmare licet,
nulli horum vocabulorum aspiratum esse ante medium septi-
mum u. c. saeculum, quo tempore graecis vocabulis aspirare
coeperant Romani.

Ex eis quae exposui in paginis superioribus haud sper-
nendus redundat fructus ad cognoscendas quas grammatici
secuti sint rationes. qui cum, quam Varro posuit legem, ne
ulla dictio (latina scilicet) adversus latini sermonis naturam
media aspiretur (cf. Terentium Scaurum GL VII 20[7] colla-
tis Charisii pagg. 73[17]. 82[7]) sequerentur, non mirum est,
quod duo illa vocabula, quorum aspirationem ne urbanus
quidem sermo sprevit — lympham et triumphum dico; de
Tamphilo grammatici tacent — propter ipsam aspirationem
graeca esse eis videbantur. eandem ob causam Santra quoque — vide GL VII 20[7] — *pulchrum* a Graecis putavit esse
translatum quasi *polichrum* et alii grammatico ap. Charisium GL I 102[1] cum *chilones*, non *cilones* pronuntiari audi-
ret, prius illud a χείλεσι derivatum esse visum est. cum
vero cetera in vocabulis latinis aspiratae exempla optimae
aetatis scriptores non usurpassent, non mirum est quod
grammatici quoque ea neglexerunt. et si quando formam
plebeiam ut *ophicum* memorant, sibi constant in derivanda
illa a graeco etymo; sic Servius *Ophicos* ab ὄφεσι dictos
esse putat.

Certam cur aspiraverint Romani illis vocibus causam

in *lympha Tamphilo sulphore* (*sulphure*) invenisse mihi videor. et hic memineris quaeso eorum vocabulorum, quibus librarii aspiraverunt, cum aeque sonantia graeca eorum obversarentur animis ut *phila halophantam* (confer etiam quae de *Bosphori gryphorum* aspiratione adnotavi). his latinis vocabulis ad exemplar graecorum certe aspiratum est; ad cetera quoque transformanda graeca exemplaria aliquid saltem valuisse persuasum habeo, quamquam *palphebrarum* aspirationem aliter explicari posse indicavi. ut *triumphus* aspiraretur si *triumph-* cum *lumph-* et *Olumph-* comparaveris nasalem effecisse fortasse couicias, tamen animadvertas quaeso in *ophico* et *sipharo* neque vocalem neque consonam aspirationi favere potuisse neque certum huius rei vestigium cerni in *Popphaedi phiissimo phosit*, quibus crebrescente in dies aspirationis usu ab hominibus parum peritis aspiratum esse persuasum habeo.

II. De *FORCIPE FORPICE FORFICE*.

Supplementi instar quid de *forpicis* et *forficis* formis sentiam, exponam. a quibus cum *forceps* dirimi nequeat, haec tria vocabula coniunctim tractabo.

Notum est tria vocabula *forcipem forpicem forficem* inveniri in lexicis nostris, quae in his rebus posteriorum grammaticorum latinorum differentias secuntur.

Forcipes et *forfices* distingunnt Servius ad Ae. VIII 453 (forcipes sunt quibus aliquid formum (forvum Lion) tenemus quasi formicapes; forfices sunt quibus incidimus) Probi appendix GL IV 202[14] Isidori differentiae ed. Ar. V 34 No. 262, *forcipes* autem et *forpices forficesque* Papirianus ap. Cassiodorum GL VII 160[20] (forcipes. secundum etymologiam debemus dicere et scribere: si a filo dicamus, *f* debemus ponere ut forfices quae sunt sartorum, si a pilo, *p*, ut forpices quae sunt tonsorum, si a capiendo, *c*, ut forcipes, eo quod formum capiunt, quae sunt fabrorum) quae repetuntur ab Isidoro orig. XX 13, 3. Albino GL VII 302[10] Paullo Abbate ap. Mai class. auct. VI 598. Papia v. infra. Osberni hariolationes in Mai class. auct. VIII 218 missas facio. ex hisce differentiis evasit Ebrardi Bethuniensis versiculus:

forfice fila, pilum cape forpice, forcipe ferrum,

qui corruptus exstat ap. Osbernum. horum grammaticorum etymologias falsas esse nemo non videt, sed eorum differentiae quoque quasi sint forcipes ad capiendum, forfices vero et forpices ad incidendum apti, ineptae falsaeque sunt. iam Charisius inst. Gramm. p. 94[21] 'quosdam' forcipes forpices forfices distinguentes refutavit verbis hisce: 'forfices et forcipes ⟨et forpices⟩ quidam distinguunt, ut forfices sint sarcinatorum a faciendo, ⟨forcipes fabrum⟩ quod ferrum calidum capiant, forpices tonsorum quod pilum secent; sed inepta haec esse Lucilius docet, qui etiam medicorum forcipes dicit lib. IX: scalprorum forcipiumque milia viginti, item paullo post: uncis forcipibus dentes vellere. sed et Virgilius lib. VIII: versatque tenaci forcipe ferrum'. hic vitium subesse videtur, scribe: *sed et Vergilius libr. XII: prensatque tenaci forcipe ferrum;* — Ae. XII 404 forceps medicorum est quippe cum .hoc loco forcipe ferrum vulneribus extrahatur cf. Serv. ad. l. l. et ad Ae. VIII 454; contra Ae. VIII 454 (versantque t. f. massam) forceps fabrum est, quem in verborum Charisii contextum minime quadrare vix opus est dici. sine ullo dubio Charisii librarii aeque sonantes versus alterum cum altero permutarunt. Quam rem incohavit Charisius, ut differentias illas quasi a grammaticis excogitatas neque ipso sermone probatas refutare studeret, eam nondum ad finem perductam esse saepe miratus sum. et sane ipsos scriptorum codices ubi

primum adieris, quorum scripturam Papiriani aliorumque
praeceptis fisi sexcentis locis obscurarunt editores, aliter te
de illorum grammaticorum differentiis ac lexicographos nostros
iudicaturum esse spero.

Primum liberae reipublicae temporibus non dicebatur
nisi *forceps* (vel *forcipes*). Forceps eis temporibüs est et
nostrum *Zange* non solum ad capiendum aliquid sed etiam
ad extrahendum velut dentem aptum, et nostrum *Scheere*
quo aliquid praeciditur velut pili vel grana vel tale quid.
vide Catonis r. r. XI 5 (ubi cum libris Politiani et cod. Vra-
tislav. legendum est: *forcipes* e. q. s.; ibid. X 3 lege *for-*
cipes, ubi *forpices* inde a Victorio legitur, nescio quo iure),
Novii v. 42 Rib. Lucili vv. 502—5 Varronis sat. fr. 441
Buech. Catonis de re milit. ed. Iord. p. 82¹ ubi *forceps* de acie
certo modo instructa dicitur. Varronis fr. 246 Buech. Etiam
primis Caesarum temporibus forceps usitatissima est forma;
vis notioque eadem est v. Verg. ge. IV 175. Ov. met. IX
78. Iuv. sat. X 131. Calpurnii ecl. V 74. Glaes. quem
versum cum optimo cod. Dorvill. sic lege: 'ne sit acuta forcipe laesa cutis'. posterioribus temporibus forceps raro invenitur; v. Tertulliani de pallio c. V. Iesaiae c. VI v. 6 (vulg.
ed. Tisch.) Ammiani Marc. XVI 11⁸ (est hoc loco ut ap.
Catonem de acie dictum) Cyrilli p. 600³⁷ ed. Vulc. πυρά-
γρα: forceps.

Forpex primum invenitur primo p. Chr. saeculo ap.
Columellam XII 45: 'vitiosa grana forpicibus amputantur'.
sic legendum est cum codd. Lips. et Sangerm.; edd. Ienso.
et Bruc. *forphicibus* exhibent et hoc nostro loco et XII 44;
cum posteriore loco Schneiderus de codicum scriptura taceat,
ibi quoque *forpicibus* recte legi veri est simile. Columellae
VI c. 26 e codicum scriptura quae nimium fluctuat nihil
certi colligi licet. eodem quo Columella XII 45 (et 44?) significatu *forpices* usurpavit Sidonius epith. XV 185. Contra
Suetonius vit. Aug. c. 75 *forpicem* dixit instrumentum quo
aliquid capitur et prehenditur.

Inde a tertio p. Chr. saec. *forfex* (*forfices*) magis magisque in usum venit. significatu nihil differt a forcipe et forpice, est enim et nostrum *Zange* et nostrum *Scheere* v. Arnob. adv. gent. IV 16. Veget. r. m. III 17. 18. 19. IV 23 et tertio p. Chr. s. antiquior non esse videtur titulus Salonis repertus (CIL III 1952) hice: ' Curia prisca matri magnum fanum rifecit signa posuit, larophorum cymbala tympana catillum forfices . . .'. Ad haec testimonia confer imprimis Hermeneumata Montepessulana ed. Bouchery p. 166 (quae ineunte IV p. Chr. s. conscripta esse editoris est sententia):

Καρχίνος forfex
Ψαλίδες forfices
Όδοντάγρα forfices dentariae.

gloss. Cyrilli p. 550⁵⁶ ed. Vulc.: όδοντάγρα forfex dentaria
fragm. Deycksianum p. 18: forfex dentaria . . . . . .
forficula . . . . . .
gloss. Philox. p. 97⁸⁰ ed. Vulc.: forfex: ψαλίς όδοντάγρα πυράκμων [πυράγρα?].

de Vitruvii (X 2) et Plinii (XI 97 et XXV 58) locis *forfices* exhibentibus infra disputabo.

Exstant complures Cornelii Celsi loci *forficem* exhibentes in editione Targae, sed Daremberg eisdem quibus Targa *forficem*, locis *forcipem* in textu habet. quorum cum neuter accurate codicum scripturas enotare soleat, Celsi locos in hac nostra quaestione praetermittemus. fortasse iam in medio II p. Chr. s. *forfices* in usu erant, cum Gellius (X 9, 1) eos inter vocabula militaria quibus instructa certo quodam modo acies designari solet referret, sed cave ne nimiam huic loco tribuas fidem, cum nec de accurata codicum Gellianorum scriptura edocti simus et cetera quae attuli exempla certo nisi fallor demonstrent IV demum p. Chr. s. *forfices* in usu volgari fuisse. Quare veri fit simile III p. Chr. s. forfices in usum venisse. cum hac nostra observatione optime coeunt grammaticorum latinorum praecepta, quorum antiquiores

Festus p. 91. 84ᵃ Velius Longus GL VII 71¹⁵ Marius
Victorinus ib. VI 26¹¹ (qui Festi etymologiam repetit; in eo
quod ipse de forcipe addit plura corrupta sunt) *forficem* non
noverunt; apud eos non nisi *forcipes* exstant. qui *forfices*
norunt eosque inter et *forcipes* (Servius alii) vel *forcipes forpices*que (Papirianus alii) discrimen esse posuerunt, eos III
p. Chr. s. recentiores esse patet. aut fallor aut Charisius
'quosdam' illos refutavit, qui paullo ante differentias illas
excogitassent.

Luce clarius his quae attuli ipsorum scriptorum locis
evincitur primum tria illa vocabula *forceps forpex forfex*
(vel plurali numero) de uno eodemque instrumento promis-
cue dicta esse, quod binis constabat bracchiis, quibus vel
prehendi aliquid (cf. nostr. *Zange*) vel si acie instructa
sunt praecidi potest (cf. nostr. *Scheere*), tum *forcipem* esse
vocabulum antiquum, *forficem* vero multo recentius, intercedere medium inter haec *forpicem*.

Sed veram quae inter tria illa vocabula intercedit rationem cognoscemus si locos quibus codices fluctuant conside-
raverimus. In Martialis ep. VII 95 v. 12: 'qualem forficibus metit supinis tonsor Cinyphio Cilix marito', ex optimis
codicibus Palatino et Thuaneo *forcipibus* restituendum est.
vulgata lectio *forficibus* nititur codicibus palatino ex testimonio Gruteri et florentino Beverlandi quorum scriptura
prae PT testimonio nihili est. codicum vero quorundam
recentiorum *forpicibus* scripturam e grammaticorum praeceptis (*forpices* si a *pilo* dicuntur, quae sunt tonsorum) profectam esse quis est quin videat? Martialis *forcipibus* scripsit. Plinius quoque quin n. h. IX 97: 'cancris¹ .... bina

---

¹ Ex Isidori glossa: *cancer: forceps* et alia quadam, *cancer: ulcus* (nam cancrum de ulcere dici constat) conglutinatam esse hancc:
cancer: forceps aut ulcus (class. auct. VI 513) apparet, e qua in-
versis membris haec insanissima profecta est glossa: *forceps: ulcus
aut cancer* (class. auct. VI 524). Papias non solum has ineptias recepit iteravitque sed etiam novas addidit.

bracchia denticulatis *forcipibus'* (sic cod. paris. E s. X—XI)
et XXXII 148: 'elephanti locustarum generis nigri . . . .
bracchia duo binis articulis'singulisque *forcipibus* denticulatis'
(sic opt. cod. Bamberg.) *forcipibus,* non ut vulgo *forficibus*
scripserit, dubitandnm non est. optimos ergo codices secuti
Plinio duobus illis locis *forcipibus* restituemus quibus dete-
riorum codicum librarii *forficibus* pro *forcipibus* posuerunt.
nonne veri est simillimum eos etiam n. h. XI 97 qui locus
superioribus illis simillimus est: 'in quodam genere scara-
baeornm grandi cornua praelonga bisulcis dentata forficibus
(sic codd. omnes, etiam Monei) in cacumine, cum libuit ad
morsum coeuntibus' pro *forcipibus* Plinii *forficibus* restitnisse,
praesertim cum in omnibus illa quoque verba *bisulcis den-*
tata corrupta sint. recte sic restituuntur: *bisulca dentatis*
forcipibus. cf. imprimis locos supra allatos. forcipes bisulcos
esse nemo nescit; sed hoc loco cornua scarabaeorum bisulca
sint necesse est. si quis vero codicem Monei *forficibus* exhibentem mihi obiciat, is animadvertat velim codicem Vergili
quoque Romanum *forficem* pro *forcipe* posnisse ut mox vide-
bimus. Duobus locis Plinium certum est scripsisse *forcipibus,*
uno sumnio opere probabile; qui restat, eo quoque *forcipium,*
non *forficium* forma eum usum esse nonne veri est simile?
sunt autem verba eius haece (n. h. XXV 58): 'mirum inven-
tum est, quod incisum (sc. helleborum) forficulis (sic codd.)
cribrant'. *forficula* non nisi in glossariis (v. supra) exstat,
sed numero semper singulari, de plurali numero equidem
dubito. si animadverteris n. h. XXXII 148 quoque codicem Vaticanum 1954 (= b ap. Detlefs.) exhibere *forficulis,*
cum B codicem qui sequitur, is *forcipibus* Plinio restitnat
(v. supra), eandem corruptelam hoc nostro loco subesse non
negabis et *incisum forcipibus* restitues.

 Sed quomodo de his duobus Plinii locis XI 97 et
XXV 58 quibus equidem *forcipibus* restituendum esse censeo,
iudicabis, me certa vestigia librariorum *forcipes* in *forfices*
mutantium, deprehendisse in Martialis ep. VII 95 v. 12 et

Plinii n. h. IX 97 et XXXII 148 non negabis, spero. sed cur hoc fecerunt? in Martialis versu causa in propatulo est, Plinii vero locis adhuc latet. iam inspicias velim hos locos: Vergili Ae. VIII 453: 'versantque tenaci forcipe massam' et Ae. XII 404: 'prensatque tenaci forcipe ferrum'; utroque loco omnes Vergili codices praeter R, qui *forfice* exhibet, *forcipe* habent, quam scripturam testantur apud quos VIII 453 exstat: Velius Longus GL VII 71. Nonius p. 531 M. Charisius GL I p. 94 (sed v. supra). Vergilius ergo quin *forcipe* scripserit, prorsus dubitari nequit ut his locis sic ge. IV 175, ad quem schol. Bernens.: *forcipe in Ebrii, forfice in Corneliani* adnotant.

Senecae epist. 90, 13 ed. Buech.: 'utrum malleus in usu esse prius quam forcipes coeperint' *forfices* B sed suprascripta *c* et *p* est. Seneca ipse *forcipes* scripsit.

Persius quoque sat. IV 40: 'elixasque nates labefactent forcipe adunca' *forcipe* scripsit, quod cod. C servavit; quod α exhibet *forfice*, librariis debetur.

Cur ut Cornelianus sic etiam codicis Romani Vergiliani scriptor et Senecae Persiique librarii *forficem* in *forcipis* loco posuerunt? animadvertas quaeso omnes hos locos ita comparatos esse, ut secundum grammaticorum forcipi vim significationemque nostri *Zange* attribuentium praecepta non nisi forceps hic poni debeat. homines illi forcipem in forficem non mutasse videntur, quod locis illis forficem magis quam forcipem in totius orationis contextum quadrare arbitrarentur. an doctrinam a totius antiquitatis memoria abhorrentem illi secuti sunt? id prorsus negandum est. sed cum forcipem et forficem non distinguerent ut Servius alii, cum forfex, ut ex exemplis supra e glossariis petitis facile

---

[1] Ov. met. XII 277 cod. M — cod. L huic loco deest cf. Rieaii praefat. — *forfice* habet. hinc nihil certi de ipsius poetae scriptura cunici licet.

cognosces, post tertium quartumque p. Chr. s. magis magisque crebresceret, forceps vero aboleret, iam consequens erat,
ut Cornelianûs ceterique pro *forcipe* *forficem* substituerent
verbum sibi magis familiare. omnes hi loci Plinii Vergilii
Senecae Persii demonstrant, in vivo sermone forcipem forficem-
que de una eademque re dictos et quibus haec vocabula sepa-
rarentur discrimina significatus ficticia esse.

Raro codices nostri inter *forpicem forficem*que fluctuant.
in metam. VI 556: 'luctantemque loqui conprensam forcipe
linguam' (forpice L: forfice M.) ipsum Ovidium *forcipe* scripsisse veri est simillimum; cf. eiusdem met. IX 78 librorum
in *forcipe* consensum. Contra Cassium Felicem ed. Ros. p.
29[14]: 'emplastrum superimponas ita ut ad os vulneris forpice emplastrum aperias et sic superimponas' *forpice* (sic
cod. gall. s. XI) scripsisse cur negemus non video; cod. can-
tabrig. s. XV et paris. s. XIII *forfice* exhibent.

Librarii ergo obsoleti *forcipis* loco raro *forpicem,* saepius *forficem* posuerunt. iam patet, Vitruvii qui X 2. *forfices*
(sic codicum consensus) de ferreis suculae manubriis quae
saxa complectuntur, ad ea tractoriis machinis sublevanda
dixit, testimonio non posse everti sententiam meam de temporibus, quibus hoc vocabulum in usum venerit. Vitruvium
forpices dixisse non negabis, praesertim cum Columellam
Cassiumque Felicem qui eadem qua Vitruvius sermonis rusti-
citate usi sunt *forpicem* (forpices) scripsisse memineris.

Forcipem, forpicem, forficem si de una eademque re
dictos neque significatu inter se distinctos esse, si *forficem*
multo recentiorem quam *forcipem forpicem*que esse, si posteriorum temporum homines imprimis *forfice* usos esse eumque
saepe in *forcipis* locum substitutum inveniri recte demon-
stravi, iam consequens est ut haec tria vocabula etiam origine
artissime inter se cohaereant neque eorum etyma dirimi possint. nam quibus *forfex* proxime accedere ad sanscriticum
bhurig, non artissime cum lat. *forcipe* cohaerere videtur (v.
Curtii Etymol. Graec.) vel qui cum Zeyssio (Kuhnii annal.

t. XIX p. 162) lat. *forficem* et umbr. *furfa* unum idemque esse putant, ei monstrent velim quomodo factum sit ut *forcipis* nomen quod sermo latinus ipse procreavit (iam Festus p. 91 coll. p. 84ᵃ *forcipem* a formo capiendo derivavit, cuius etymologiam secuntur tantum non omnes grammatici latini hodieque probant viri docti) multo antea in usu esset quam *forficis* vocula, quam non solum italicam sed etiam indogermanicam esse putent viri illi necesse est. et quam inter *forcipis forficis*que ponunt significationis differentiam, veteribus scriptoribus Varroni Calpurnio Martiali (qui *forcipes* significatu nostri *Scheere* usurparunt) plane ignotam fuisse, isti qui *forficem* cum sanscritico vel umbrico vocabulo coniunxerunt, non observarunt.

Aut fallor aut ipsa tempora quibus tres illae voculae inveniuntur recti iudicii viam nobis monstrant.

Forceps antiquissimum est horum trium vocabulorum. de eius etymo iam dixi. tempore propius ad *forcipem* accedit *forpex*, longius ab eo distat *forfex*.

Velius Longus GL VII 71¹⁰ dicit: '.... nam in Ὀρθοεπείᾳ non quaeritur, quomodo scribendum sit, cum ad vocem legentis adlegatus sit ille qui scripsit, sed est quaestio in loquendo ut forpices et forcipes et arcesso et accerso. in his enim minimum erit dinoscere quo modo dicantur: proinde ac dixero scribes. in quibus tamen adnotabimus veteres per transmutationem syllabae forcipes dixisse. nam et Vergilius: versantque tenaci forcipe massam. forcipes dicimus ab eo quod formum capiant id est calidum'. satis mirandum est, quod nemo unquam corrupto huic loco medelam adhibuit. an putaverit quisquam, Velio *forcipes*, ut et veteres dixere et ipse (cf. *dicimus*) per transmutationem syllabae e *forpicibus* evasisse visos esse? hoc ineptum est. sed ipse non dixit, unde per transmutationem syllabae *forcipes* profectos esse arbitraretur. animadvertas quaeso inter verba *per transmut. syllabae* et *forcipes dixisse* deesse aliquid quo *forpices* con-

tineantur necesse est, ibique *dicimus* quod quo nunc legitur
loco supervacaneum est desiderari et ita quidem ut *forpicibus,
forcipes* et *dicimus* opponatur illud *veteres dixisse.* vide num
sic fere verba Veliana in pristinum restituantur: '...... in
quibus tamen adnotabimus veteres, ⟨quos⟩ per transmutationem syllabae ⟨forpices dicimus⟩, forcipes dixisse. nam et Vergilius: versantque e. q. s.: forcipes ab eo quod formum capiant id est calidum'. sine dubio Velius *forcipes* et *forpices*
non solum pro uno eodemque vocabulo habuit, sed etiam
posterius e priore evasisse sagaciter perspexit. eodem quo
Velius modo Consentius quoque de duobus his vocabulis iudicavit. is enim duos barbarismos unum per adiectionem
alterum per transmutationem in una orationis parte facere
demonstrans eum qui dicit *covacla* pro *cloaca item* ait *qui
dicit forphicem pro forcipe*, GL V 397¹⁶. *forphicem* (cod. M:
forpicem pro *forcife*; eiusdem corrector: *forficem* pro *forcipe*)
id quod medium inter cod. M eiusque correctoris scripturam
intercedit, legendum esse ex ipsis Consentii verbis patet:
nam sic *duo* barbarismi unus per transmutationem (*forpicem*
e *forcipe*) alter per adiectionem (*forphicem*) in *una* forcipis
vocula recte deprehenduntur.

Consentius ergo *forpicem* e *forcipe* profectum esse cum
Velio arbitratur neque video cur eorum sententia falsa sit.
easdem transmutationes video in *displicina* (quasi esset a
displicere) e *disciplina* vide Consentium GL V 392²⁴, in *cor-
podicina*¹ pro *corpocidina* apud Philoxenum. sed Consentius
ultra Velium progreditur. monstrat enim quae ratio inter
forpicem et *forficem* intercedat. suis temporibus non iam
forpicem sed *forphicem* pronuntiatum ipsius declarant verba. sine dubio in *forpice* pronuntiando, a qua incipiebat vocula, spirans effecit, ut sequenti *p* aspiratio adderetur. si
vero *forphicem* pronuntiabant Romani — id quod negari

¹ Huc pertinet me quidem iudice etiam *lapidicina* pro *lapici-
dina* v. Consentium GL V 391²⁸. ceterum *lapidicina* saepe invenitur.

non potest si recte Consentii verba interpretati sumus — eo
facilius erat e *forphice forficem* efficere quo maior similitudo
inter *forphex* et *artifex* simil. intercessit. nisi fallor harum
vocularum quae cum *faciendi* verbo compositae sunt analogia
factum est ut in *forfice f*, quamquam nihil aliud est nisi
ph, locum teneret. nam *f* in posteriore *forficis* parte testi-
ficantur etymologiae quae eum sive cum *faciendi* verbo sive
cum *filo* componunt. si Consentius recte iudicavit barbarismum
facere eum qui *forficem* (sive mavis *forphicem*) dicit, eiusdem
optimae doctrinae vestigia deprehendimus in Placidi prae-
cepto (p. .47¹. Dev.): *forcipes non forfices dicimus* et in hac
glossa: *forceps fabri: quae corrupte forfices dicitur.* (gl. Hildebr. 146¹⁸⁸: . . . . . fabriq; corruptae . . . . .; gloss. Isid.
p. 680⁹: . . . . . fabricae corruptae dicuntur.) fuerunt ergo
grammatici, qui vera quae inter *forcipem, forpicem, forficem* intercedit ratione perspecta a posteriore hac forma
quam recentiorem parumque urbanam viderent abstinen-
dum esse docerent. nam huc spectat: *barbarismum facit
vel hoc, non illud dicimus* vel *hoc* (sc. recte legitimeque),
corrupte illud dicitur. quis fuerit Consentii Placidique cum
quo glossa illa artius cohaeret fons investigatu difficillimum
erit; certe non multum abest ab eo tempore quo *forpicem*
iam *forphicem* vel *forficem* pronuntiare coeperant Romani.
sed cum noviciam hanc formam abicerent alteri (Consentius
et Placidus), alteri quod tria in usu esse vocabula videbant,
distinguere haec et aliud ad aliud opificum genus referre
studuerunt.

Haec antiquae optimaeque doctrinae vestigia quae in
Consentio Placido illaque glossa deprehendimus si sequimur
nos quoque, quin recte faciamus non dubito. equidem persuasum habeo *forficem* et recentissimum esse nomen et re vera
e *forpice* profectum.

Si recte de *forfice* iudicavi, novum idque haud spernen-
dum exemplum accedit ad superiora illa. in quo labialis spi-

rans ad aspirandam subsequentem labialem tenuem aliquid saltem potuisse videtur. ut in supra allatis exemplis sic hic quoque *f* pro *ph* est.

III. DE *PLEMINA* ET *FLEMINA* VOCVLIS.

Non ab re esse videtur in fine harum quaestionum, quae de *plemina, flemina* voculis fere ignotis in promptu habeo exponere.

Plemina et *flemina* distinguit Caper GL VII. 99⁹ verbis hisce: 'flemina sunt ubi abundant crura sanguine, plemina cum in manibus vel pedibus callosi sulci sunt'. a Capro sumpsit Beda GL VII 272¹⁷: 'flemina sunt ubi abundant crura sanguine, plemina (flemina P L; fleumina M) cum in manibus vel in pedibus callosis (callosis L. collosis M. calloris P) sulci sunt'.

E Bedae iam corrupto exemplari hausit Papias: 'flemina cum in manibus vel in pedibus caloris sulci sunt' (sequitur e Placido petita glossa quam v. infra), nisi statuere mavis apud Papiam excidisse post *flemina* ea quae apud Caprum Bedamque inter *flemina .. cum in manibus* media intercedunt. item Capro haec glossa accepta ferenda est: 'plemina cum in manibus et pedibus collosi sulci sunt.' (Isid. gl. p. 691⁵⁰ .. calusi .; Mai cl. anct. VI 540.)

Contra Balbus de Ianua teste Du Cangio Lex. inf. Lat. V 305 praeter Caprum alium fontem adiisse videtur, cum *plemina* his verbis explicaret: 'plemina sunt ulcera et sulci in manibus et in pedibus callosis, unde pleminare: repplere secundum Vgutionem'.

His tantum locis *plemina* inveni. Caper interpretatur

callosos sulcos, at equidem tales ei ineptias tribuere dubito.
certe sulci ut de vulneribus (cf. Claudiani hoc: 'grandes ru-
bent in pectore sulci') sic de rimis quas manus pedesve sive
ex inflammatione sive alia de causa agant dici possunt. Sed
quid sibi volunt callosi sulci? neque ullum sensum e Capri
interpretatione elicis, si cum Beda .... *callosis sulci* legis.
cum calla in manibus pedibusve elata duraque sint, neque
ipsi sulci dici callosi neque in callosis manibus pedibusve
sulci esse possunt. et hoc animadvertas quaeso, cum prius
Capri praeceptum hexametro versu adstrictum esse facili opera
intellegatur — nam sic fere versum restituemus:
Flemina sunt [lassis?] ubi abundant sanguine crura —
posterius hexametri ambitum longe excedere. quod si initium examinaveris: *plémina cum in manibús*, a quibus verbis
hexametrum incepisse patet, hac quoque via eo perduceris,
ut verbis *vel pedibus* altius vetustumque vitium inhaerere
mecum consentias. Balbi interpretatio: *plemina sunt ulcera*
cum sana esse videatur, cur a nobis abiciatur aut neglega-
tur non video neque dubito quin Capro pro *sulci* recte restituatur *ulcera*; ita ut Capri versus talis fuerit:
plemina cum in manibus callosis ulcera [fiunt?] quamquam *callosis* minime mihi placet. sed utut de genuino Capri
versu restituendo iudicabis, *plemina* ulcera vel tubera esse
non negabis.
Iam accedamus ad *flemina*. Caper 1. l.: 'flemina sunt
_ .. | ubi abundant sanguine crura'. Festus Paulli p. 89ª
'flemina dicuntur, cum ex labore viae sanguis defluit circa
talos'. Placidus ed. Dev. p. 43ª: 'fleminum: vestem (H R,
ventis G, cf. Goetzium ad Plauti Epid. v. 670) in qua sanguis
ambulando in pedes fluit' frustra in emendanda hac glossa
laborarunt viri docti. Si Papiae glossam: 'fleminum cum
sanguis ambulando in pedes fluit' contuleris, concedes mihi in
Placidi glossa duas inesse conglutinatas velut has:
flammeum] vestem in qua [nubunt
fleminum, cum sanguis a. i. p. f.

quamquam restituere malim *flemina*. Certe haec est volgaris
usitataque forma. cf. praeter Caprum Festumque Leidensem
glossam in Loewii prodr. p. 204: 'flemina: sanguis in nervis
(lege: venis, cf. quem mox afferam Celsi locum) difusus' et
scriptorum locos. Sed fortasse agnoscendus nobis erit *flemen* [1]
nominativus; cf. glossam apud Du Cangium III 321 'flegmen:
enflure de sanc.'

Omnibus quas attuli glossis demonstratur non ipsum
sanguinem dici flemina, sed quandam corporis affectionem
quam peperit sanguis aliqua corporis parte quasi abundans. non sine fructu hic comparaveris Festi glossam
p. 360: 'tama dicitur, cum labore viae sanguis in crura descendit et tumorem facit' et Cornelii Celsi praef. I p. 4 Targ.:
'alia curatione opus et si sanguis in eas venas quae spiritui accommodatae sunt transfunditur et inflammationem quam
Graeci φλεγμονήν vocant excitat'. Opinati sunt veteres sanguinem diffusum eo quo diffundi non liceret vel alicubi nimis
abundantem tumores excitare, hos quidem tumores flemina
nominabant. apud scriptores nomen id raro invenitur. Plauti
Epid. v. 670: '. . . ita dum te sequor lassitudine invaserunt
misero in genua flemina' (flegmina F 2), dicit enim Apoecides ambulando et Epidicum servum quaerendo iam genua
sua intumescere. Plinii n. h. XXIII 28: 'eadem (sc. bryonia)
in iumento homineque flemina [aut sanguinem qui se ad talos
deiecerit] circumligata sanat'. quae uncis inclusi, ea ex Festo
huc invecta esse puto. in Vegetii m. m. V 18 Schneid. (III
19 vulgo): 'curandum est hac ratione qua flemina (*flegma*
vulgo; *flagmina* cod. Corb. teste Schneidero Notar. p. 60) in
genibus diximus oportere curari.' *flemina* restituere dubito,
cum III 48 (II 48 vulgo), ad quem locum relegat lectores Vegetius, *phlegmon* vulgatum sit, quod saepe exstat apud medicos v. infra.

---

[1] Falso flemen Quicheratius e Prisciano affert cf. adnot. crit.
I 221[a] ed. Hertz.

Si recte se habent quas ipse temptavi harum vocum interpretationes, negari nequit *plemina* et *flemina* de eadem re
usurpata esse. Iam patet, quam differentiam inter *plemina*
quae ad manus et *flemina* quae ad crura pertinerent, posuit Caper, eam a grammaticis, ne dicam ab ipso Capro ex-
cogitatam esse, ut saepe inter duas unius vocabuli formas
etiam significatiouis differentiam intercedere sibi persuase-
runt. cf. Capri p. 99 inter *vorticem verticem*que p. 97[14] inter
*clipeum clupeum*que differentias; confer etiam quae de *forcipis forpicis forficis* formis dixi alia ad aliud opificum genus
relatis a grammaticis.

Sed quae ratio intercedit inter plemina et flemina? Mireris quod nemo adhuc *plemina* vocabuli mentionem fecit,
quamquam hoc a *flemina* disiungi non posse vel sola Capri
horum vocabulorum coniunctione docemur. Certe non nihili
prorsus facere debemus scripturas codicum Plauti *flegmina*,
Vegetii Corb. *flagmina*, glossae Du Cangii *flegmen* exhi-
bentium, quibus addo ex Bedae codice M *fleumina*, id
est enim *flegmina*, ut *fleuma* pro *flegma* saepe legitur in
Galeni Epist. de febribus. his testimoniis, fisi *flemina* et
φλεγμονήν ad eandem revocamus originem. ut φλεγμονή artissime cum φλέγω, sic *fleg-mina* cum *flagro fla-men* (fulgo)
cohaerere arbitror. *flegmina* recte abierunt in *flemina*; cf.
exagmen, examen; subtegmen, subtemen. Contra *plemina* nisi
fallor tralaticium est vocabulum; e *plegmone* — nam sic
φλεγμονή graeca latine pronuntiabatur — Romanos ut
suis vocabulis fortasse etiam ipsis *fleminibus* magis accom-
modarent primum *plegmina* tum *plemina* effecisse puto. Me-
dici vero recentes neque *flemina* neque *plemina* usurparunt
sed rursus novum finxerunt vocabulum *flegmon flegmonis.* cf.
Cassii Felicis p. 74[b] ed. Ros. Oribasii vers. lat. p. 19[22] p. 19[32]
p. 20[8] ed. Hag. Mai class. auct. VI 584 et p. 587. par illud
quidem graeco φλεγμονή sed apud Graecos ncn magis exstat
quam *plemina.* similem luxuriantis sermonis copiam etiam
prisca illa *termonem* et *termina* ostendunt.

VITA.

Natus sum Carolus Georgius Brandis Havniae a. h. s. LV patre, quem praematura morte mihi ereptum esse valde lugeo, Christiano, matre Angelica e gente Reumert. inde ab a. LIX Bergstedtii, in Holsatorum vico prope Hamburgum sito, pater optimus per XX fere annos divini verbi erat minister. litterarum elementa in domo paterna doctus artibus liberalibus instructus sum in gymnasio Christianeo Altonensi, quod Ioanne Luchtio v. cl. rectore etiam nunc floret. autumno a. LXXIV Lipsiam me contuli ibique per quinquiens sex menses commoratus almam hanc studiorum sedem adii, cuius per V semenstria civis fui. docuerunt me viri clarissimi Brockhaus Curtius Drobisch Fritzsche Gardthausen Hübschmann Lange Lipsius Overbeck Ritschl Wundt Voigt Lipsienses, Buecheler Kekulé Leo Vsener Bonnenses. ut in seminarium philologorum regium reciperer Buecheleri et Vseneri egregia erga me benevolentia factum est. exercitationibus suis ut interessem benigne concesserunt grammaticis Curtius, historicis Gardthausen, sanscriticis Hübschmann, epigraphicis et oscis umbricisque Buecheler, archaeologicis R. Kekulé.

Quibus viris gratiam quam maximam habeo, imprimis Buechelero Curtio Vsenero, quos studiorum meorum semper et iudices mitissimos et adiutores humanissimos me habuisse fateor semperque me habiturum esse spero.

SENTENTIAE CONTROVERSAE.

I. Euripidis Iphig. Aulid. vv. 366—69 interpolati sunt.

II. In Theocriti id. VIII v. 9 rectissime legitur στρικτά; falso Zieglerus συριγκτά exhibet.

III. Theocriti id. XIII v. 68 Ziegl. expungendum esse censeo.

IV. Stichi Plautinae vv. 762—768 (inde ab *tene tu hoc* usque ad *pro vino novam*) delendi sunt.

V. Cistellariae I 3 v. 11 initium sic restitue: *vi* vinolentus.

VI. Apud Festum p. 130 '*Mancini tifata*' et Paullum Festi p. 49 '*Curia tifata*' *tifata* substantivi vim accepit; primariam adiectivi (participii passivi) vim demonstrant *tifata iliceta* ap. Paullum Festi p. 366⁸. *tifata* ab eadem profectum est stirpe a qua Sabini Varrone teste r. r. III 1, 6. collem *tebas* appellaverunt.

VII. Glossarii Amploniani p. 383¹⁸¹ glossam: 'teretrum: mafortia' emenda *teristrum* (theristrum).

VIII. Apuleium qui dicitur Minor De nota aspirationis ed. Os. p. 119 sic lege: 'post *p* ponitur aspirationis nota sicut post *c* locata sunt dicta. aut enim *p* erit capitalis dictionis ut Phedria aut praecedet eam *consonans* ut asphaltus: sequetur vero eam quaelibet vocalium ut *Phanium*' (vulgo *phanum*).

IX. *Ampullam* ab *ampora* (amphora) deminutiva quae dicitur terminatione derivarunt Romani.

X. *Forbea* apud Paullum Festi p. 84 non tralaticium vocabulum est ut putat. Curtius Gr. Etym. ⁴ p. 301.

XI. Dialectorum Italicarum studium philologis utilissimum est.